KATHOLISCHE UNIVERSITÄT
EICHSTÄTT-INGOLSTADT

Michael Köck

Didaktische Grundlagen öko-
nomischer Bildung

Wirtschaftsdidaktisches Lehr-
und Übungsbuch

Ausgabe 2020

Herstellung und Verlag:
BoD - Books on Demand, Norderstedt
ISBN 978-3-7519-9483-5

Inhalt

Vorwort

Aufgabe der wissenschaftlichen Disziplin Wirtschaftsdidaktik ist es, die Bildungsrelevanz des Gegenstandsbereichs zu reflektieren, relevante Ziele und Inhalte zu identifizieren und zu legitimieren, Stoffstrukturen zu systematisieren sowie auf methodische Zugänge und Möglichkeiten der Erkenntnisgewinnung hin zu überprüfen. Dies soll zu reflektierten didaktischen Positionen in Wissenschaft und Unterricht führen und die Basis für eine Weiterentwicklung der Idee ökonomischer Bildung schaffen.

Durch die Arbeit mit diesem Buch sollen Lehramtsstudierende mit wirtschaftlichen Fächern an diese Aufgaben herangeführt werden. Ziel ist es, dass sich die Studierenden so einerseits die Grundlagen für die Planung und Gestaltung von Wirtschaftsunterricht aneignen und andererseits Anregungen für eigenes wissenschaftliches Arbeiten im Bereich der Wirtschaftsdidaktik erhalten.

Konzipiert ist das Buch vor allem für Studierende an bayerischen Universitäten, die die Fächer Wirtschaft und Recht (WiRe) oder Wirtschaft und Beruf (WiBu) unterrichten werden. Anregungen finden jedoch auch alle anderen, die sich mit den Grundlagen ökonomischer Bildung beschäftigen wollen.

Inhaltlich ist die Publikation auf die Themenliste wirtschaftsdidaktischer Grundlagenseminare zugeschnitten und erhebt damit nicht den Anspruch, alle Facetten des fachdidaktischen Diskurses vollumfänglich abzubilden. Die kurzen Texte und Übungen sind für die Arbeit in Seminaren und zum Selbststudium gedacht. Sie können eine vertiefende Auseinandersetzung mit Themenbereichen, Problemen oder Fragestellungen anhand einschlägiger Literatur nicht ersetzen.

Michael Köck

August 2020

1. Argumentative Legitimierung ökonomischer Bildung

Angestrebte Kompetenzen
- Bildungsbegriff als Grundlage wirtschaftsdidaktischer Theorien und Modelle erläutern
- Anthropologische Grundannahmen ökonomischer Bildung skizzieren
- Gesellschaftliche und individuelle Bedeutung ökonomischer Bildung und des Unterrichtsfaches reflektieren
- Ökonomischer Bildung als Teil der Allgemeinbildung beschreiben

Vorbemerkungen: Eine unabdingbare Voraussetzung für jede schulische und unterrichtliche Arbeit bilden bildungstheoretische Vorstellungen davon, was Schule generell und Unterrichtsfächer im Speziellen bei den Schülerinnen und Schülern erreichen sollen. Die Formulierung derartiger Intentionen kann die Grundlage für schulpolitische Entscheidungen bilden und hilft, konkrete curriculare Zielsetzungen zu legitimieren. Mit konkreten Zielen lassen sich außerdem Bildungsprozesse steuern und evaluieren. Natürlich bilden Vorstellungen über die Ziele eines Faches oder Lernbereichs auch die Basis, von der aus Lehrerinnen und Lehrer konkrete Unterrichtsentscheidungen bildungstheoretisch absichern und begründen können. Ein Fundament an grundsätzlichen Positionen zu den Intentionen eines Bildungsbereichs benötigt nicht zuletzt auch die fachdidaktische Forschung selbst.

Eine der vordringlichsten Aufgaben der Didaktiken der in Schulen unterrichteten Fächer ist es daher, Bildungsziele und Bildungsinhalte zu erfassen und zu begründen. Weitere Aufgaben einer Fachdidaktik ergeben sich dann aus dem Anspruch, Formen der Aneignung für diese Ziele und Inhalte auf der Grundlage evidenzbasierter Forschung vorzustellen. Zusammenfassend lässt sich das Arbeitsprogramm einer Fachdidaktik folgendermaßen charakterisieren: Identifizierung und Legitimierung von Zielen, Inhalten, Methoden und Medien für den jeweiligen Fachunterricht.

Theoretischer Rahmen intentionaler Überlegungen: Während die Frage nach dem generellen Ziel der Schule in Deutschland in der Regel mit dem Bildungsbegriff (s. u.) beantwortet wird, erfordern Antworten nach speziellen Zielen gerade in einem gesellschaftswissenschaftlichen Fach eine sorgfältige Analyse gesellschaftlicher Realitäten sowie die Berücksichtigung spezifischer Lernvoraussetzungen der Schülerinnen und Schüler. Eine Fachdidaktik wird zu wissenschaftlich begründeten Zielen und Inhalten daher nur dann vordringen, wenn auf der Basis bildungstheoretischer Überlegungen verschiedene Erkenntnisse und Theorien Berücksichtigung finden. Dazu zählen u.a. Gesellschafts-, Persönlichkeits-, Entwicklungs- und Lerntheorien. Ausgangspunkt sämtlicher Analysen zur Legitimierung von Zielen und Inhalten eines Faches ist in unserem Kulturkreis der Bildungsbegriff bzw. die Verständigung darüber, was Allgemeinbildung ist und bezwecken soll.

1.1 Ausganspunkt Allgemeinbildung

Bildungsverständnis: Inhaltliche Überlegungen zu Schulfächern nehmen ihren Ausgang stets bei Fragen nach dem „Was?", „Für Wen?" oder „Warum?". Bei der Suche nach Antworten auf diese Fragen werden verschiedene Aspekte ins Feld geführt. Verwiesen wird beispielsweise auf Anwendbarkeit, Nutzen oder Altersgemäßheit der Inhalte, die Zweckmäßigkeit für die historisch gewachsenen Bildungsinstitutionen oder generell auf die „Bildungsbedeutsamkeit" der Lerngegenstände. Um Inhalten Bildungsbedeutsamkeit zuzugestehen, muss erst geklärt werden, was Bildung überhaupt bedeutet. Eine Annäherung an den Bildungsbegriff kann aus drei Blickrichtungen erfolgen – nämlich, was Bildung ist, was sie können soll und wie sie angebahnt wird.

Was ist Bildung?

Was Bildung meint, ist stets auch von der jeweiligen Perspektive abhängig. Aus einer sozialwissenschaftlichen Richtung wird Bildung beispielsweise vor allem als Bündel individueller Qualifikationen gesehen, das sich in einem ständigen Prozess des Auf- und Umbauens von Kenntnissen, Fertigkeiten und geistigen Zuständen formiert, in Institutionen erworben wird und die Stellung des Individuums in der Gesellschaft mitbestimmt. Aus einer eher geistesgeschichtlichen Tradition heraus wird Bildung als Entfaltung der individuellen Kräfte eines Menschen betrachtet (Kron 2009, S. 66).

Was soll Bildung können?

Folgt man Wolfgang Klafki (1996, S. 52), befähigt Bildung zur Selbstbestimmung, Mitbestimmung und zur Solidarität in der Gesellschaft. In ähnlicher Weise charakterisieren Jank und Meyer (2002, S. 211) Allgemeinbildung. Sie bezeichnen sie als *„[...] Fähigkeit eines Menschen, in der Auseinandersetzung mit der Welt selbstbestimmt, kritisch, sachkompetent und solidarisch zu denken, zu handeln und sich weiterzuentwickeln."* Kaiser und Kaminski (1999 S. 21 f.) beschreiben ausgehend von Klafkis Bedeutungsaspekten der Allgemeinbildung drei Aufgaben der Allgemeinbildung:

    a. Bildung soll den Zusammenhang der eigenen Lebenspraxis deutlich machen.

        Bildung hat hier die Aufgabe, seinem Träger eine Analyse von Einzelinformationen auf der Grundlage verbindender Bezüge zu ermöglichen, so dass die Basis für reflektierte Handlungsent-scheidungen geschaffen wird.

b. Wer diese Welt gründlich verstehen will, benötigt Kenntnisse ihres Entstehens.
Dieser Aspekt betont die Notwendigkeit der Analyse aktueller Entwicklungen auf der Basis historischer Prozesse.

c. Durch Wissenschaft gewonnenes Wissen muss für den Einzelnen durchschaubar werden.
Dies meint, dass es Aufgabe von Bildung ist, so genannte „black boxes" aufzulösen. Damit soll eine kritische Einschätzung ermöglicht werden.

Wie wird Bildung angebahnt?
Bildung meint aber nicht nur den individuellen Persönlichkeitsentwicklungsprozess bzw. den damit erreichten Status einer Person, sondern auch den von außen initiierten Prozess zum Aufbau dieser Eigenschaften. Individuelle Bildung konstituiert sich in der Auseinandersetzung mit Inhalten und im Rahmen sozialer Prozesse. Eng verbunden mit dem Bildungsgedanken sind daher der Erziehungsgedanke und die Bedeutung pädagogischen Handelns. Mit dem Bildungsbegriff erwächst dem pädagogischen Handeln ein Maßstab, der es u.a. ermöglicht, Erziehungsziele zu beurteilen und zu bewerten (vgl. Gudjons 1999, S. 204). Erzieherisches Handeln ist an den Chancen für das Individuum zu messen, kulturelle Basisfähigkeiten zu erwerben (Enkulturation) und in die Gesellschaft hineinzuwachsen (Sozialisation).

Woran lässt sich Bildung erwerben?
Das Grundanliegen jeglicher Allgemeinbildung lässt sich mit dem Bildungspostulat umschreiben: Bildung soll Persönlichkeitsentfaltung, Daseinsbewältigung und Hineinwachsen in die Gesellschaft ermöglichen. Dass Bildung dabei eine sachliche Dimension besitzt, die ausgehend von gesellschaftlichen Problemlagen bestimmte Bildungsinhalte

oder Stoffe braucht, um Nähe und Distanz zum ökonomischen, kulturellen und politischen System herzustellen, ist ein Paradigma moderner Bildungskonzepte (vgl. Gudjons 2008, S: 200ff.).

Unterscheidung in spezielle und allgemeine Bildung: Eine gewichtige Rolle bei der Beurteilung von Bildungsinhalten spielt in Deutschland die ausgeprägte Trennung zwischen Allgemeinbildung und beruflicher Bildung. Sie ist für die Ausgestaltung schulischer Curricula im Bereich ökonomischer Bildung folgenreich. Denn wenngleich die Grenzziehung zwischen einer zweckfreien Allgemeinbildung und einer zweckbezogenen Berufsbildung heute nicht mehr ganz so strikt erfolgt, wie es nach Humboldt lange Zeit üblich war, bleiben didaktische Überlegungen zur ökonomischen Bildung durchaus auf die jeweiligen Bildungsabschnitte fixiert. Auch hier soll der Fokus nicht auf dem Wirtschaftsspeziellen, sondern auf dem Wirtschaftsallgemeinen liegen (vgl. Czycholl 2000). Wie das Allgemeine jedoch jeweils zu identifizieren ist, bietet Anlass zu kontroversen Diskussionen, wie sie etwa Reinhold Hedtke (2006, S. 98) mit folgenden Fragen anstößt: *„Was unterscheidet den Einkäufer im Einzelhandelskonzern vom privaten Käufer im Supermarkt? Worin unterscheiden sich das Hauptbuch im Betrieb und das Haushaltsbuch im privaten Haushalt? Was macht den Unterschied zwischen Handwerker und Heimwerker?"*
Kaiser und Kaminski sehen den Unterschied in dieser Diskussion zwischen dem allgemein Bedeutsamen und dem speziell Bedeutsamen, für die es ihrer Meinung nach auch Beispiele in anderen Bereichen gibt (z.B. in der Geschichte). Reinhold Hedtke (2006, S. 97f.) kann dagegen keinen, von vornherein gegebenen Unterschied zwischen allgemeinökonomischen oder wirtschaftsberuflichen Wissensbeständen erkennen. Seiner Meinung nach entscheidet allein der soziale Kontext bzw. die Perspektive auf einen Inhalt oder eine Methode darüber, was als allgemein oder beruflich bildend zu gelten hat. Entsprechende Perspektiven sind zwar gesellschaftlich vorgeprägt oder

institutionalisiert, sie können sich aber durchaus ändern. Udo Reifner (2010, S. 10) differenziert dagegen zwischen Bildung *in* Ökonomie (Volks- und Betriebswirtschaftslehre, Wirtschaftssoziologie, Wirtschaftsrecht) und ökonomischer Allgemeinbildung. Das trennende Kriterium, das Allgemeinbildung vom Ansatz wissenschaftlicher Erkenntnis unterscheidet, ist für ihn die pädagogische Intention.

Aufgabe
Sehen Sie Unterschiede zwischen der ökonomischen und der beruflich relevanten ökonomischen Bildung? Begründen Sie Ihre Aussagen ausführlich.

1.2 Ökonomische Bildung als Teil der Allgemeinbildung

Bedeutung ökonomischer Bildung in der jüngeren Geschichte: Als Konsequenz eines vorherrschenden neuhumanistischen Bildungsverständnisses konnten utilitaristische Bildungsinhalte wie Technik oder Wirtschaft außerhalb beruflicher Schulen lange Zeit in Deutschland kaum Fuß fassen. Mit Ausnahme einiger Pädagogen, wie etwa Georg Kerschensteiner, Eduard Spranger oder Theodor Litt wurde entsprechenden Inhalten vom pädagogischen Mainstream und seinen Vertretern lange Zeit ein eigener Bildungswert abgesprochen. Wirtschaftsunterricht an allgemeinbildenden Schulen war daher die Ausnahme.
Einen etwas anderen Weg nahm die Entwicklung in Süddeutschland. In Bayern beispielsweise fand der Wirtschaftsunterricht im Zuge der Entwicklung der Realschulen Eingang in das allgemeinbildende Schulwesen. Über Transformationsprozesse in der Schullandschaft

erreichte er auch das Gymnasium. Die breite Masse der Schülerinnen und Schüler kam indes auch in Bayern erst über die Schulreformen der 60er Jahre des letzten Jahrhunderts verstärkt mit ökonomischen Inhalten in Kontakt. Im Rahmen der Überlegungen zur Umgestaltung der Volksschule und zur Einführung einer „Arbeitslehre" wurden Arbeit, Wirtschaft oder Beruf nun erstmals wieder stärker als bildungsbedeutsame Inhalte identifiziert. Bildungstheoretische Impulse hierzu kamen unter anderem von Saul B. Robinsohn und Wolfgang Klafki. Der Begründer der Curriculum-Theorie, Saul B. Robinsohn, sah Bildung als Ressource für die Bewältigung von Lebenssituationen. Wolfgang Klafki präferierte eine Konzentration der Allgemeinbildung auf epochaltypische Schlüsselprobleme (vgl. Kruber 2006, S. 187ff.). Ökonomische Aspekte spielen in beiden Ansätzen eine wichtige Rolle. Deutschlandweit blieb die Bildungsidee der Arbeitslehre allerdings überwiegend auf den Bereich der Hauptschule fixiert. Die Auseinandersetzung mit Arbeit, Wirtschaft oder Technik ist daher in manchen Schularten auch heute noch keine Selbstverständlichkeit. Dabei gibt es gerade für eine wirtschaftliche Bildung gewichtige Gründe.

Aufgabe
Informieren Sie sich über die (wirtschafts)didaktischen Positionen der im vorangegangenen Abschnitt genannten Personen und stellen Sie die Ergebnisse mit einer geeigneten App aus dem Internet (z.B. learningApps.org) dar.

Der Mensch als homo oeconomicus oder ökonomische Tätigkeit als Grundkonstante menschlichen Lebens: Der Begründungsstrang für die Notwendigkeit ökonomischer Bildung kann bei der Eigenschaft des Menschen als Einzel- und Gesellschaftswesen ansetzen: Den umfangreichen menschlichen Bedürfnissen stehen in einer Welt begrenzter Ressourcen nur eingeschränkte Mittel zur Befriedigung zur Verfügung, so dass ständig ökonomische Entscheidungen zu treffen und Handlungen zu tätigen sind. Den Rahmen dafür bilden die eigenen Möglichkeiten und die arbeitsteilige Gesellschaft. Die wirtschaftliche Tätigkeit stellt somit eine menschliche Konstante dar. Ohne verschiedene Handlungsalternativen abzuwägen und sich für eine „wirtschaftliche" Option zu entscheiden, kommt demnach kaum ein Mensch aus. Deshalb ist jeder Mensch in gewisser Weise ein *homo oeconomicus*. Allerdings unterscheiden sich Menschen in Bezug auf ihre grundlegenden Interessen und Einstellungen und damit auch in Bezug auf ihr wirtschaftliches Handeln. Nicht jeder Mensch agiert so, wie es die Modellvorstellung des *homo oeconomicus* nahelegt, nämlich rational und vernünftig.

Bedeutung ökonomischer Bildung für Daseinsbewältigung und gesellschaftliche Krisenbewältigung: Die Wahl einer beruflichen Laufbahn, die Möglichkeiten finanzieller Absicherung, Konsumentscheidungen, die Entwicklung des Arbeitsmarktes oder weltwirtschaftlicher Beziehungen – die Liste wirtschaftlich relevanter Probleme, denen sich der Einzelne oder die Gesellschaft stellen muss, ließe sich weiter fortsetzen. Um solche Probleme zu lösen, bedarf es Methoden und Kenntnisse. Die individuelle Daseinsbewältigung genauso wie die gesellschaftliche Problem- und Krisenbewältigung sind daher starke Argumente, die für eine ökonomische Bildung sprechen.

Dabei erweist sich die Ökonomie in den hoch entwickelten Gesellschaften als ein extrem komplizierter und teilweise auch für Fachleute nur schwer durchschaubarer Bereich. Selbst kundigen Betrachtern oder Fachleuten erschließen sich viele Aspekte wirtschaftlicher Prozesse nur unzureichend. Die Gründe dafür sind beispielsweise in speziellen Marktmechanismen mit ihren ökonomischen, politischen oder auch rechtlichen Voraussetzungen, in kulturellen oder geographischen Besonderheiten sowie im versteckten Einfluss unterschiedlicher Akteure und Institutionen zu suchen.

Komplexität, Differenzierung und Dynamik des ökonomischen Systems machen daher einen systematischen Erwerb von Kompetenzen erforderlich, die es dem Individuum ermöglichen, wirtschaftliche Vorgänge zu verstehen, Ursachen zu erkennen, Folgen zu beurteilen und Prozesse mündig, sachgemäß und verantwortlich mit zu gestalten.

Bedeutung ökonomischer Bildung für die Selbstverwirklichung und Persönlichkeitsentwicklung: Ökonomische Entscheidungen sind stark von der Identität und dem Selbstkonzept des jeweiligen Menschen abhängig und wirken auf diese Persönlichkeitsmerkmale zurück. Besonders die Erfahrungen und Entscheidungen im Kontext von Arbeit und Beruf haben einen großen Einfluss auf den Menschen und tragen zur Persönlichkeitsentwicklung bei. Aber auch Konsumentscheidungen oder finanzielle Entscheidungen stehen in einem engen Zusammenhang mit individuellen Interessen, Einstellungen und Motivationslagen.

Ökonomische Bildung kann mit dazu beitragen, dass entsprechende Entscheidungen rationaler und reflektierter getroffen werden. Die Grundlage hierfür bildet sowohl ein ausreichendes Wissen (materiale Bildung) als auch gefestigte Einstellungen und Haltungen (formale Bildung). Bildungsprozesse, die beides anregen, tragen damit zur Selbstverwirklichung und Persönlichkeitsentwicklung bei und sind ein unverzichtbarer Bestandteil der Allgemeinbildung (vgl. DEGÖB 2004, S. 3).

Bedeutung ökonomischer Bildung für das demokratische System: Ökonomische Bildung kann als individuelle „Ausrüstung" zur Bewältigung wirtschaftlich geprägter Lebenssituationen betrachtet werden oder als gesellschaftliche Ressource zur Gestaltung einer gemeinsamen Kultur. Zur kulturellen Basis zählt das wirtschaftliche System genauso wie das politische. Ökonomische Bildung muss daher auch deswegen ein integraler Bestandteil der Allgemeinbildung sein, weil die marktwirtschaftliche Grundordnung von der Akzeptanz und Partizipation ihrer Bürgerinnen und Bürger abhängig ist (Kaiser & Kaminski 1999, S. 22f.). Das Verständnis für die Zusammenhänge in einem liberalistischen und sozialen Wirtschaftssystem setzt als geistige Ressource ökonomische Bildung voraus. Angesichts der raschen Veränderungen in der Arbeits- und Wirtschaftswelt sind ökonomische Kenntnisse und Fähigkeiten eine unabdingbare Voraussetzung für politische Meinungsbildungs- und Gestaltungsprozesse.

Die besondere Rolle der Kinder und Jugendlichen: Ökonomische Bildung in den Schulen lässt sich zudem mit der besonderen Situation der heranwachsenden Kinder und Jugendlichen begründen. Sie gelten im ökonomischen System oft als besonders gefährdet. In neueren Ansätzen zur Verbraucherpolitik wird mittlerweile selbst die Situation von Erwachsenen als „vulnerabel" (verwundbar) eingestuft. Die Ursachen hierfür werden u.a. in der Marktmacht und den Mitteln von Unternehmen gesehen, die die individuellen Möglichkeiten des einzelnen Akteurs im ökonomischen Geschehen übersteigen würden. Kinder und Jugendliche können den Mechanismen und Kräften einer komplexen Wirtschaftswelt oft noch weniger als Erwachsene entgegensetzen. Grundsätzliche Aufgabe einer ökonomischen Bildung an allgemeinbildenden Schulen ist es daher, die Position der Kinder und Jugendlichen im ökonomischen System zu stärken.

Für die Schülerinnen und Schüler, die ja im Verlauf ihrer Schulzeit mehr und mehr in die Konsumentenrolle hineinwachsen und als eigene Zielgruppe intensiv beworben werden, ist besonders die Verbraucherbildung unerlässlich. Ökonomische Entscheidungen bergen mitunter verschiedene Fallstricke mit weitreichenden finanziellen, juristischen oder auch datenschutzrechtlichen Konsequenzen. Hinzu kommt, dass sowohl die wirtschaftlichen als auch die sozialen Ausgangsbedingungen der Kinder und Jugendlichen in Deutschland alles andere als einheitlich sind. Aufgrund ihres familiären Hintergrundes oder der Einbindung in spezifische Peergroups sind sie daher für die Bewältigung wirtschaftlich geprägter Lebenssituationen und Entscheidungen recht unterschiedlich gewappnet (vgl. Vohland 1981, S. 173).

Definition: Ökonomische Bildung umfasst die Summe aller Bildungsbemühungen sowie die daraus resultierenden Kompetenzen, mit denen unter Beachtung gesellschaftlich akzeptierter Wertvorstellungen und der zur Verfügung stehenden Ressourcen wirtschaftlich relevante Situationen im privaten, beruflichen oder politischen Bereich analysiert, Probleme identifiziert, Entscheidungsalternativen gefunden sowie adäquate Lösungsmöglichkeiten ausgewählt und realisiert werden können.

Aufgaben
1. Argumentieren Sie: Was versteht man unter Bildung und welche Möglichkeiten soll sie eröffnen?
2. Mit welchen Problemen sind gerade Kinder und Jugendliche im ökonomischen System konfrontiert und welche Aufgabe kommt dabei der ökonomischen Bildung zu?
3. Suchen Sie Stellungnahmen verschiedener Verbände und Vereinigungen (z.B. Deutsche Gesellschaft für ökonomische Bildung, Bundesvereinigung der Arbeitsgeber, Gewerkschaften, Kultusministerkonferenz, Deutscher Industrie- und Handelskammertag, Zentralverband des Deutschen Handwerks) zur wirtschaftlichen Bildung und analysieren Sie die jeweiligen Argumentationslinien in Bezug auf die Legitimation „ökonomischer Bildung".
4. Konzipieren Sie eine Grafik, die die Bedeutung ökonomischer

Bildung thematisiert.

5. Suchen Sie Befragungen von Jugendlichen und Erwachsenen zum Stand ihres ökonomischen Wissens und fassen Sie die Ergebnisse zusammen.

6. Gestalten Sie eine kleine Ausstellung mit Postern oder eine Internetgrafik (z.B. mit Padlet), in der die Inhalte dieses Kapitels für ein breiteres Publikum medial aufbereitet werden.

Anregung für wissenschaftliches Arbeiten

In der Pädagogik und Didaktik gilt die Hermeneutik als die Lehre zur Erforschung pädagogischer Texte. Suchen Sie Texte, in denen Positionen zur ökonomischen Bildung nach 1945 zum Ausdruck kommen und arbeiten Sie die wesentlichen Argumentationslinien heraus. Beachten Sie, dass es sich bei derartigen Texten in der Regel um Stellungnahmen im Zusammenhang mit aktuellen Kontroversen und Auseinandersetzungen handelt. Sie ergreifen Partei und sind Ausdruck eines praktischen Engagements, nicht so sehr eines rein theoretischen Erkenntnisstrebens. Die Texte und Positionen können demnach nur verstanden werden, wenn der Anlass für den Text, der Hintergrund des Autors und die jeweiligen Gegenspieler in die Interpretation mit einbezogen werden.

2. Intentionen und Inhaltsbereiche ökonomischer Bildung

Angestrebte Kompetenzen
- Vorschläge für wirtschaftsdidaktische Konzepte, Bildungs-standards, Kompetenzmodelle und Kerncurricula als Beiträge zur bildungstheoretischen Legitimierung, inhaltlichen Struk-turierung und methodischen Gestaltung begreifen
- Gründe für die Unterschiede wirtschaftsdidaktischer Konzep-tionen nennen
- Wichtige wirtschaftsdidaktische Konzeptionen beschreiben sowie die inhaltliche und methodische Struktur des eigenen Unterrichtsfaches einordnen
- Bedeutung des Rollen- und Lebenssituationskonzeptes an ak-tuellen Lehrplänen spiegeln
- Grundlegende Standards, Kompetenz(modelle) ökonomischer Bildung beschreiben
- Relevante Inhaltsbereiche ökonomischer Bildung in ihren Grundstrukturen (Bedeutung, grundlegende Ziele und Inhalte sowie möglicher Methodeneinsatz) erläutern

2.1 Grundsätzliche Richtungen der Ökonomiedidaktik

Eine grundlegende Aufgabe einer jeden Fachdidaktik ist die Identifi-zierung, Legitimierung und Strukturierung von Bildungsgütern. Für die Identifizierung und Legitimierung bieten sich grundsätzlich drei Argumentationspfade an: Der erste sucht Inhalte im Fundus adäqua-ter Wissenschaften oder Kulturbereiche. Eine andere Option besteht darin, konkrete Handlungsbereiche oder Situationen in Bezug auf

Anforderungen und Qualifikationserfordernisse zu analysieren. Eine dritte Möglichkeit fahndet nach dem jeweils erforderlichen Potenzial für die Personwerdung des zu bildenden Individuums.

Trotz der Fokussierung einzelner Pfade vermischen sich in didaktischen Konzeptionen die Ansätze oftmals. Das gilt auch für die Wirtschaftsdidaktik.

Gründe für unterschiedliche wirtschaftsdidaktische Konzeptionen: Die Frage der intentionalen Ausrichtung und inhaltlichen Fundierung einer ökonomischen Bildung ist - analysiert man die Literatur - im Gegensatz zur Frage der Notwendigkeit noch nicht abschließend beantwortet (vgl. Fischer 2006, S. 18). Die Wissenschaftsdisziplin, die für das Relief dieses Bildungsbereichs verantwortlich zeichnet, die Wirtschaftsdidaktik, tut sich mit der Konstruktion eines einheitlichen didaktischen Gebäudes schwer. Es gilt hier wohl weiter die Feststellung Dauenhauers (1979, S. 72), dass für die gesamte Wirtschaftslehre zwar ein gemeinsamer struktureller (nicht so sehr inhaltlicher) Rahmenbau besteht, der *„aus fachwissenschaftlichen, fachdidaktischen, rollen- und bereichsspezifischen Kategorien besteht und einheitsstiftend wirkt"*, einer einheitlichen Wirtschaftsdidaktik allerdings verschiedene Gründe entgegenstehen.

Unterschiedliche didaktische Argumentationsstränge gründen beispielsweise in den strukturellen Gegebenheiten und Traditionen der verschiedenen Schularten (allgemeinbildende oder berufliche Schulen; Haupt-, Realschule und Gymnasium) sowie den Bildungstraditionen der mit ökonomischen Belangen betrauten Fächer (z.B. Arbeits-, Wirtschaftslehre, Volks- oder Betriebswirtschaftslehre, Hauswirtschaft). Das führt zur Aufspaltung der Lerngegenstände für spezifische Schularten genauso, wie zu einer starken Ausrichtung auf einzelne inhaltliche Schwerpunkte. Eng verbunden mit der inhaltlichen Ausrichtung ökonomischer Bildung ist die Frage der Bezugswissenschaften. Hier existieren Präferenzen in Richtung Volkswirtschafts-

oder Betriebswirtschaftslehre, Haushaltswissenschaften, Sozialwissenschaften oder auch Politikwissenschaften.

Als zusätzliches Distinktionskriterium für wirtschaftsdidaktische Ansätze erweist sich außerdem die Fokussierung auf eine bestimmte Unterrichtskonzeption.

Ähnlich wie bei anderen schulischen Lernbereichen stellt sich die Diskussion über grundsätzliche Positionen innerhalb der Wirtschaftsdidaktik daher als ein Ringen um Art, Auswahl, Begründung und Umfang der zu vermittelnden Ziele und Inhalte dar. In der Summe führen die verschiedenen Aspekte jeweils zu unterschiedlichen konzeptionellen Ansätzen der Ökonomiedidaktik (vgl. Fischer & Zurstrassen 2014, S. 17).

Konzeptionelle Ansätze innerhalb der Wirtschaftsdidaktik: Ausdrücklich formuliertes Ziel aller Ansätze im Lernbereich Ökonomie ist die auf Mündigkeit ausgerichtete ökonomische Handlungskompetenz (u.a. Euler & Hahn 2007) bzw. das Leitbild des mündigen Wirtschaftsbürgers. Die im Konstrukt der Handlungskompetenz akkumulierten Kenntnisse, Fähigkeiten, Fertigkeiten und Haltungen sollen die Bewältigung wirtschaftlich geprägter Handlungssituationen (Albers 1994) oder Lebenssituationen (Euler & Hahn 2007) ermöglichen. Für die Definition dieser Handlungs- bzw. Lebenssituationen gibt es nun verschiedene Ansatzpunkte. Übereinstimmung herrscht darüber, dass der auch im ökonomischen System zunehmenden Fülle an Erkenntnissen und Phänomen nur mit einer Rückführung auf das Grundlegende, das Allgemeine oder das so genannte Kategoriale begegnet werden kann (Dauenhauer 1996). Wie sich diese kategorialen Inhalte jeweils bestimmen lassen, dafür existieren unterschiedliche Meinungen.

Für Steinmann (1995, S. 10) bilden die in den verschiedenen Lebensbereichen ablaufenden Entscheidungs- und Handlungsprozesse, die sich aus den ökonomischen Grundzusammenhängen von Wirtschaftsordnung und Wirtschaftsablauf ergeben, die Grundlage für die Bestimmung der Inhalte. Als konkrete Lebensbereiche formuliert er die Einkommensentstehung durch Produktion und Arbeit, sowie die Einkommensverwendung für Konsum und Vorsorge. Solche stark an spezifischen Lebenssituationen ausgerichteten Ansätze werden verschiedentlich kritisiert, weil sie eine systematische Auseinandersetzung mit Fachinhalten verhindern würden. Auch eine ausschließliche Fokussierung auf die Verbrauchererziehung und Berufsorientierung, die oft zum Kernbestand ökonomischer Bildung gezählt werden, sei – so die Kritiker – noch keine ökonomische Bildung.

May (2007, S. 4) erweitert die bei ihm Situationsfelder genannten Lebensbereiche Konsum und Arbeit um die Wirtschaftsgesellschaft. Sie verweist den Einzelnen auf den größeren Zusammenhang von Wirtschaftsgeschehen und Politik. Die Inhalte leiten sich auch bei seinen Überlegungen von wirtschaftswissenschaftlichen Stoffkategorien ab. Sie sollen den Schülerinnen und Schülern zu Einsichten verhelfen und werden erst damit zu Bildungskategorien.

Die eher auf wirtschaftswissenschaftlichen Fundamenten ruhenden Stoffkategorien von May oder Dauenhauer müssen sich jedoch den Vorwurf gefallen lassen, sie blieben zu sehr auf mikroökonomische Probleme beschränkt (Kruber 2000, S. 289). Einer solch eingeschränkten Betrachtung wirtschaftlicher Sachverhalte sollen Analyseschemata vorbeugen, die die beteiligten Akteure auf der Grundlage der Handlungstheorie, der Interaktions- sowie Institutionentheorie untersuchen und den Schülerinnen und Schülern damit eine umfassende Orientierung im ökonomischen Bereich ermöglichen sollen (Kaminski 2003).

Weiter geht auch der Ansatz von Peter Ulrich (2001), der eine über die bloße Kenntnis wirtschaftswissenschaftlicher Inhalte hinausgehende kritische Auseinandersetzung mit wirtschaftlichen Geschehnissen und den beteiligten Akteuren fordert. Die enge Verbindung der gesellschaftlichen Teilsysteme Wirtschaft und Politik ist eine weitere

Herausforderung für die ökonomische Bildung (s. dazu Weißeno 2006), die Kruber (2000) mit seinem Postulat des wirtschaftspolitischen Denkens beantwortet wissen will.

Intentional wie inhaltlich noch breiter aufgestellt sind didaktische Ansätze, die die Interdependenzen zwischen Ökologie und Ökonomie stärker berücksichtigen (Seeber 2001; Fischer 2004), wirtschaftsethischen Überlegungen breiteren Raum einräumen (Retzmann 1994), generell ökonomische Bildung eher in einem größeren Verbund eines sozialwissenschaftlichen Lernbereichs integrieren wollen (Hedtke 2006/2018; Kashnitz 2009) oder gar eine kulturkritische Ausrichtung besitzen (Bendixen 2004).

Weniger divergent als bei der grundsätzlichen Identifikation und Legitimierung von Zielen und Inhalten zeigen sich die wirtschaftsdidaktischen Konzeptionen bei der Frage der Unterrichtsgestaltung. Hier besteht generell eine hohe Affinität zu situations- und handlungsorientierten Unterrichtskonzepten (Albers 1995). Gelegentlich findet sich der Vorwurf, dass der damit verbundene Aktionismus zu sehr auf Kosten der geistigen Durchdringung von Inhalten gehe. Josef Aff (2003) plädiert daher – wenngleich vorrangig für die wirtschaftsberufliche Ausbildung – für eine Wissenschaftsorientierung nicht nur bei der Curriculumentwicklung, sondern auch als paradigmatischer Ansatz der Unterrichtsgestaltung. Das Prinzip der Wissenschaftsorientierung sieht er vor allen Dingen durch einen schlechten lehrerzentrierten Unterricht in Misskredit gebracht. Daher befürwortet er einen Methodenpluralismus, der einen kompetenten Frontalunterricht keinesfalls ausschließt.

In der nachfolgenden Tabelle werden die verschiedenen Bestimmungspunkte für einzelne wirtschaftsdidaktische Positionen noch einmal dargestellt (vgl. Vohland 1981, S. 180 ff.).

Tabelle: Wirtschaftsdidaktische Positionen

Art des Inhalts	Auswahlkriterien	Art der Begegnung des Inhalts mit den Schülern
- Wirtschaftsgeschichte - Wirtschaftspolitik - Betriebswirtschaftslehre - Volkswirtschaftslehre - Soziologie - Politik...	- Leitbild „kategorialer Bildung" - Exemplarität - Fachsystematik, Wissenschaftsorientierung - Fachwissenschaftliche Theorien - Handlungssystematik - Situations- und Handlungsorientierung - Lebensbereiche bzw. Interessen der Schülerinnen und Schüler - Ökonomisch geprägte Lebenssituationen - Problemsituationen - Entscheidungssituationen...	- Systematisch - Handlungsorientiert - Lehrerzentriert

Bei aller Divergenz zu einzelnen wirtschaftsdidaktischen Positionen, scheint die zentrale Konfliktlinie zwischen zwei Lagern zu liegen.

Das eine Lager spricht sich für ein eigenständiges Unterrichtsfach Wirtschaft aus, das sich inhaltlich vor allem aus den Erkenntnissen und Gesetzmäßigkeiten der Volkswirtschaftslehre speisen soll. Der Kompetenzerwerb soll hier vor allem auf das Denken in prominenten ökonomischen Theorien und Modellen ausgerichtet werden.

Das andere Lager bevorzugt einen „sozioökonomischen" Zuschnitt ökonomischer Bildung. Sie soll interdisziplinär angelegt werden und aus einem breiten Fundus an sozialwissenschaftlichen Erkenntnissen und Methoden schöpfen (vgl. Fischer & Zurstrassen 2014).

Für die weitere Ausgestaltung ökonomischer Bildung sind die jeweils zugrunde gelegten wirtschaftsdidaktischen Prämissen von großer Bedeutung, denn sie beeinflussen die jeweils fokussierten Ziele, Inhalte und Methoden. Zu einer gewissen Vereinheitlichung didaktischer Positionen ökonomischer Bildung haben mittlerweile die Diskussionen über Bildungsstandards und Kerncurricula geführt. Außerdem haben sich mit der Fokussierung von Lebenssituationen und Rollen zwei Konzepte in der Wirtschaftsdidaktik etabliert, die in gewisser Weise einheitsstiftend wirken.

Aufgaben
1. Was versteht man unter wirtschaftsdidaktischen Konzeptionen bzw. Ansätzen und wie lassen sich diese grundsätzlich unterscheiden?
2. Welche Ursachen lassen sich für die Existenz unterschiedlicher wirtschaftsdidaktischer Ansätze nennen?
3. Diskutieren Sie, welche Bezugswissenschaften Ihrer Meinung nach für die ökonomische Bildung von besonderer Bedeutung sind. Gehen Sie dabei auch auf die Frage ein, wie die Ausrichtung auf eine bestimmte Bezugswissenschaft Ziele und Inhalte in Schule und Unterricht determiniert.
4. Erläutern Sie anhand ausgewählter Literatur eine grundsätzliche wirtschaftsdidaktische Konzeption näher.
5. Analysieren Sie die Lehrpläne der Fächer Wirtschaft und Beruf bzw. Wirtschaft und Recht in Bezug auf die zugrundeliegenden wirtschaftsdidaktischen Positionen.

Anregung für wissenschaftliches Arbeiten
Dialektik setzt sich mit (scheinbaren) Widersprüchen auseinander, um von dort aus zu Erkenntnis zu gelangen. In den Erziehungswissenschaften konzentriert sich die Dialektik auf die Verknüpfung unterschiedlicher Erzie-

hungs- und Bildungspole. Gerade die bildungstheoretische Begründung von Schule und Unterricht kennt etliche dieser Pole: Subjekt-Objekt, subjektiver und objektiver Sinn der Bildung, Selbst-Anderes, Freiheit-Bindung, Widerstand-Anpassung, Gegenwart-Zukunft, Sein-Norm, Individuum-Gesellschaft, Allgemeinbildung-Berufsbildung, Theorie-Praxis (vgl. Klafki 1966, S. 173).

Analysieren Sie verschiedene wirtschaftsdidaktische Ansätze unter Berücksichtigung dieser Polaritäten bzw. scheinbaren Gegensatzpaare.

2.2 Vorherrschende wirtschaftsdidaktische Konzepte - Lebenssituationen und Rollen

Aus der Vielzahl wirtschaftsdidaktischer Konzeptionen und Positionen haben sich in den letzten Jahren zwei Leitbilder herauskristallisiert, die sich auch als anschlussfähig an die Kompetenzorientierung der Lehrpläne erwiesen haben. Die Performance von Kompetenzen wird nämlich in einem engen Zusammenhang zu einem bestimmten Handlungsbereich („Domäne") gesehen. Im Rahmen des Kompetenzerwerbs für die Arbeits- und Wirtschaftswelt rücken damit die Lebens- bzw. Handlungssituationen ins Blickfeld, die durch ökonomische Prozesse oder Zusammenhänge beeinflusst werden. Anforderungen, die dem Individuum aus der Bewältigung der Lebens- bzw. Handlungssituationen in diesen Domänen erwachsen, lassen sich mit dem Rollenkonzept näher eingrenzen.

Arbeits- und Wirtschaftswelt: Hintergrund und Spiegel für wirtschaftsdidaktische Konzeptionen ist die Arbeits- und Wirtschaftswelt. Sie umfasst alle Handlungen, Institutionen und Einrichtungen, die der unmittelbaren oder mittelbaren Befriedigung der Bedürfnisse ihrer Mitglieder dienen. Zu diesen Mitgliedern zählen die Individuen,

die privaten Haushalte, die zur Bedürfnisbefriedigung notwendiger-
weise ausdifferenzierten Betriebe und Unternehmungen sowie die zu
größeren Einheiten aggregierten Akteure wirtschaftlichen Handelns
bis hin zu den über die internationale Arbeitsteilung vernetzten
Volkswirtschaften.

Die Arbeits- und Wirtschaftswelt erstreckt sich daher auf alle sozioökonomischen Bereiche, die der Produktion und Konsumption dienen. Daseinsbewältigung, Selbstverwirklichung und Persönlichkeitsentwicklung innerhalb der Arbeits- und Wirtschaftswelt setzen das
Bestehen und Gestalten von Lebenssituationen voraus.

**Bildung für eine Bewältigung von Lebens- oder Handlungssituati-
onen:** Der Rückbezug von Bildungsanliegen auf Lebens- oder Handlungssituationen in der Pädagogik hat Tradition. Josef Derbolav
(1966, S. 129f.), der Erziehung und Bildung als dialektisches Phänomen zwischen dem Selbst und dem Anderen begreift, bezeichnet
Handlungssituation mit Hegel als eine Art „Im-Anderen-zu-sich-
selber-Kommen" und als Richtmaß und Bewährungskriterium des
Bildungsgeschehens. *„Nicht in dem, was der Gebildete weiß und kann,
sondern was er tut und wie weit er in seinen Taten der Sache zu ihrem
Recht verhilft und sein Selbst verantwortlich zur Geltung bringt, ist das
Maß seiner Individualität zu sehen"* (ebd. S. 130). Für Saul B. Robinsohn (1979, S. 47) stellt Bildung die Ausstattung dar, mit der der
Heranwachsende Lebenssituationen bewältigen kann. Für die Auswahl von Bildungsinhalten skizzierte er drei Kriterien:

(A) Die Leistung des Bildungsgegenstandes für das Verstehen der
Welt.

(B) Die Bedeutung eines Bildungsgegenstandes für eine sich anschließende Bildungsoption (Berufsausbildung oder Studium).

(C) Die Funktion eines Bildungsgegenstandes für bestimmte Ver-
wendungssituationen im privaten und öffentlichen Leben.

Ein sowohl für die Definition von Bildungsintentionen als auch für die konkrete Ausgestaltung des Unterrichts vorteilhaftes wirtschaftsdidaktisches Konzept ist daher die „Bewältigung ökonomisch geprägter Lebenssituationen".

Wirtschaftlich geprägte Lebenssituation – Abwägen, Entscheiden und Handeln: Die Wirtschaft wird allgemein als dasjenige Gebiet menschlicher Tätigkeiten verstanden, das der Bedürfnisbefriedigung dient. Wirtschaftliches Handeln in bestimmten Lebenssituationen wird notwendig, weil den „unbegrenzten" materiellen und immateriellen menschlichen Bedürfnissen eine naturgemäße Knappheit der Güter gegenübersteht. Wirtschaftliches Handeln kann damit auch als Bewirtschaftung von (knappen) Ressourcen definiert werden.

Die wirtschaftlich geprägte Lebenssituation ist dadurch gekennzeichnet, dass sie dem Einzelnen Entscheidungen abverlangt, die sich auf die Rahmenbedingungen, Voraussetzungen und Folgen des wirtschaftlichen Handelns beziehen. Aspekte, die bei der Beurteilung etwaiger Entscheidungsvarianten Berücksichtigung finden, lassen sich an der Bedürfnisstruktur, den Nutzenvorstellungen und natürlich den zur Verfügung stehenden Mitteln festmachen. Entsprechende Lebenssituationen finden sich beispielsweise im Bereich von Arbeit und Beruf, z.B. im Kontext der Berufswahl, bei Entscheidungen für bestimmte Produkte und Dienstleistungen, bei der Wahl bestimmter Optionen der Lebensvorsorge und Vermögensbildung sowie im Rahmen wirtschaftspolitischer Entscheidungen.

Wirtschaftliches Handeln als Folge von Rollenerwartungen: Menschliche Entscheidungen unterliegen in der Regel einem bestimmten Möglichkeitsspielraum, der durch die Erwartungen an sich selbst und die Erwartungen anderer begrenzt wird (Luhmann 1998, S. 401). Aus den Erwartungen resultieren Anforderungen an eine Person, die sich verdichtet zu Rollen zusammenfassen lassen, für deren

Ausgestaltung ein bestimmtes Portfolio an Kompetenzen erforderlich ist. Sozialisation kann dann als Lernprozess aufgefasst werden, bei dem Individuen Wertorientierungen verinnerlichen und Motive ausbilden, die sie dazu befähigen, soziale Rollen einzunehmen (Habermas 1973, S. 118). Die Definition spezifischer Rollen bezeichnet demnach komprimiert das gesellschaftlich erwünschte Verhaltens- oder Handlungsrepertoire, das sich die Schülerinnen und Schüler aneignen sollen. Bei den im Lernbereich Wirtschaft fokussierten Rollen handelt es sich um die des Erwerbstätigen, des Produzenten von Gütern und Dienstleistungen, des Verbrauchers und des Wirtschaftsbürgers.

Die didaktische Ausrichtung auf Rollen erfolgt damit letztlich mit dem Ziel, dass Lernende die Sinngebung einer entscheidungsbedingten wirtschaftlichen Handlung an den auf die eigene Person ausgerichteten Erwartungen ausrichten, die gesellschaftlich anerkannten Handlungs- und Interaktionsnormen als Handlungsorientierungen begreifen und somit eine (sozial erwünschte) Rollenidentität aufbauen (vgl. Luhmann 1999, S. 400).

Erwerbstätiger

Verbraucher

Wirtschaftsbürger

Produzent von Gütern u.
Dienstleistungen

Abbildung: Rollenkonzept in der Wirtschaftsdidaktik

Problem der Rollenpluralität: Jeder Mensch unterliegt einer Rollenpluralität mit teils divergierenden oder konfligierenden Verhaltenserwartungen, die zu intra-, interpersonalen oder gar gesellschaftlichen Konflikten führen können. Da es bei Erziehung und Unterricht nicht ausschließlich um die Anpassung an eine vorher fest bestimmte Rolle gehen kann, müssen solche Rollenkonflikte thematisiert und reflektiert werden. Die Fähigkeit, Rollenwidersprüche auszuhalten oder gar aufzuweichen und ein gewisses Maß an Rollendistanz gehören für Jürgen Habermas (1973, S. 195ff.) unweigerlich zur Ausbildung einer jeden Ich-Identität.

Die thematische Fixierung auf eine Rolle kann dadurch vermieden werden, dass die Lerninhalte stets aus verschiedenen Blickwinkeln und Perspektiven betrachtet werden.

Aufgaben

1. Konzipieren Sie eine Grafik, die die Arbeits- und Wirtschaftswelt in ihren Wesenseigenschaften darstellt und verdeutlichen Sie darin die Stellung der Kinder und Jugendlichen als Träger verschiedener Rollen.
2. Diskutieren Sie die Einschätzung, dass der Einzelne im wirtschaftlichen System kaum selbstständige Gestaltungsmöglichkeiten besitzt, sondern eher von stärkeren Akteuren beeinflusst oder getrieben wird.
3. Suchen Sie Beispiele für intra- und interpersonell wirkende Rollenwidersprüche zwischen folgenden Rollen: Erwerbstätiger, Sparer, Konsument und Wirtschaftsbürger.
4. Erstellen Sie für die unterschiedlichen wirtschaftlich geprägten Lebenssituationen und Rollen Kompetenzkataloge, aus denen die zu ihrer Bewältigung erforderlichen Kenntnisse und Fähigkeiten hervorgehen.

2.3 Vorrangige Ziele ökonomischer Bildung

Die Anforderungen, die sich aus der Bewältigung wirtschaftlich geprägter Lebenssituationen ergeben, bedingen spezifische Kenntnisse,
Fähigkeiten und Persönlichkeitsmerkmale. Günter Schiller (2001, S.
56) beispielsweise befasst sich mit den Zielen einer ökonomischen
Erziehung und gliedert sie folgendermaßen:

- Die Hinführung zum ökonomischen Kulturbereich.
- Die Vermittlung ökonomischer Denkweisen.
- Die Förderung einer realistischen Lebenseinstellung.
- Die Einübung von Entscheidungsfähigkeit.
- Die Ermöglichung praktischer Erfahrung.
- Die Hinführung auf zukünftige Rollen in wirtschaftlich geprägten
  Lebenssituationen.

Wie die Liste von Schiller verdeutlicht, können Ziele ökonomischer
Bildung als Lernergebnisse, Lerninhalte oder Lerngelegenheiten formuliert werden. Die derzeit vorherrschende Kompetenzorientierung
hat hier zu einer gewissen Vereinheitlichung beigetragen. Auch im
Bereich der ökonomischen Bildung hat sich der Kompetenzbegriff für
die Formulierung übergeordneter Ziele durchgesetzt. Kompetenz ist
nach einer Definition von Weinert (2002) in enger Verbindung zur
Problemlösefähigkeit zu sehen.
Die kompetenzorientierten Ziele für Schule und Unterricht werden
nun vorrangig in Form von operationalisierbaren Aktionen beschrieben, die der Lerner am Ende eines Bildungsprozesses beherrschen
sollte. Darüber, wie sich diese Ziele auf die Bildungsbereiche aufteilen,
inhaltlich festlegen und in Anforderungsstufen gliedern lassen,
herrscht jedoch Uneinigkeit. Dies drückt sich in verschiedenen Vor-
schlägen für länderübergreifende Bildungsstandards und Kerncurricula aus.

Vorschlag für Bildungsstandards der DeGöB: Die Deutsche Gesellschaft für ökonomische Bildung (DeGöB) hat im Jahre 2004 einen ersten Entwurf für domänenspezifische Bildungsstandards unterbreitet. Dem gingen mehrere Expertenrunden voraus, die in einen Konsens der beteiligten Wirtschaftsdidaktiker mündeten. Der Vorschlag weist unterschiedliche Kompetenzbereiche ökonomischer Bildung aus, denen Bildungsstandards für den mittleren Bildungsabschluss (2004), für den Abschluss der Grundschule (2006) sowie für die gymnasiale Oberstufe (2009) zugeordnet werden. Der Kern ökonomischer Bildung wird durch fünf Kompetenzen charakterisiert:

- **Entscheidungen ökonomisch begründen:** In dieser Fähigkeit kommen die Grundprinzipien des wirtschaftlichen Handelns (vor allem Alternativenabwägung, Rationalität, Effizienz) in verschiedenen Lebenssituationen problemorientiert zur Anwendung.

- **Handlungssituationen ökonomisch analysieren:** Mittels dieser Fähigkeit werden die gegebenen Handlungsspielräume ausgelotet, die situativen Handlungsanreize sowie -beschränkungen (Restriktionen) ermittelt und beachtet.

- **Ökonomische Systemzusammenhänge erklären:** Die Volkswirtschaft wird als komplexes und dynamisches System von Elementen erklärt, die bestimmte Relationen zueinander aufweisen. Es wird erkannt, dass in diesem System individuelle Handlungen, wechselseitige Transaktionen und staatliche Regulierungen neben den beabsichtigten Folgen auch erwünschte oder unerwünschte Fern- und Nebenwirkungen haben können.

- **Rahmenbedingungen des Wirtschaftens verstehen und mitgestalten:** Diese Fähigkeit erlaubt die sachkundige Beurteilung der institutionellen Rahmenbedingungen wirtschaftlichen Handelns auf Märkten im Hinblick auf ihre Funktionalität beziehungsweise

Dysfunktionalität zur Erreichung wirtschaftspolitischer Ziele. Die ordnende, gestaltende und ausgleichende Rolle, die dem Staat in der Sozialen Marktwirtschaft zukommt, wird verstanden.

- **Konflikte perspektivisch und ethisch beurteilen:** Diese Fähigkeit enthält die Beurteilung konfliktärer Interessen nebst der Austragung beziehungsweise Lösung von Konflikten (insbesondere von Verteilungskonflikten) durch Individuen, Verbände und Interessengruppen sowie durch institutionelle Arrangements nach (wirtschafts-)ethischen Maßstäben der Freiheit, Wohlfahrt, Sicherheit, Gerechtigkeit, Solidarität und Verantwortung.

Kritik am Entwurf der DeGöB: Wie der Blick beispielsweise in die bayerischen Wirtschaftscurricula zeigt, hat der Entwurf der DeGöB durchaus eine Wirkkraft entfaltet. Anspruch und Ausgestaltung der vorgeschlagenen Bildungsstandards wurden indes auch kritisch kommentiert. So moniert Jung (2007, S. 118), dass die Bildungsstandards nicht alle Kriterien für ein Kompetenzmodell erfüllen würden, besonders da kein Stufenmodell ausdifferenziert sei. Retzmann (2011, S. 17) bemerkt, dass die Abgrenzung der Domäne unscharf sei, die Kompetenzbeschreibungen bisweilen unvollständig blieben und bei der Zuordnung von Standards zu Kompetenzen Ungereimtheiten auffallen würden. Widersprüchlich ist seiner Meinung nach zudem, dass ähnliche Bildungsstandards unterschiedlichen Kompetenzen zugeordnet werden. Das größte Manko stellt seiner Meinung nach aber das Fehlen eines elaborierten, theoretisch fundierten und empirisch bewährten Kompetenzmodells dar.

Die Bildungsstandards des Gemeinschaftsausschusses der deutschen gewerblichen Wirtschaft: Von einer Gruppe von Wirtschaftsdidaktikern wurde ein Modell für Bildungsstandards vorgelegt[1], das für sich in Anspruch nimmt, nicht so sehr vom Gegenstandsbereich, als vielmehr von den fachtypischen Denkschemata und Erkenntnismethoden auszugehen, die in Bildungsprozessen die Einnahme der ökonomischen Perspektive gewährleisten können. Auch hier wird ein Bezug zum Rollenkonzept hergestellt, allerdings nicht als Strukturierungsmoment für die Kompetenzen. Retzmann (2011, S. 19) begründet das damit, dass es nicht *die* Kompetenzen eines Verbrauchers, Arbeitnehmers, Unternehmers oder Wirtschaftsbürgers gibt. Kompetenzen, so der Autor, seien nicht an spezielle Lebenssituationen oder Rollen gebunden, sondern an ihren Träger. Insofern reiche ein überschaubares Bündel an Kompetenzen, mit denen sich die Anforderungen vieler ökonomisch geprägter Lebenssituationen bewältigen ließe. Das Kompetenzmodell weist, entsprechend den Empfehlungen der Klieme-Expertise, Kompetenzbereiche aus und spezifiziert diese durch Teilkompetenzen:

- **Kompetenzbereich „Entscheidung und Rationalität"** (des Einzelnen) mit den Teilkompetenzen Situationen analysieren, Handlungsalternativen bewerten und Handlungsmöglichkeiten gestalten;
- **Kompetenzbereich „Beziehung und Interaktion"** (mit Anderen) mit den Teilkompetenzen Interessenkonstellationen analysieren, Kooperationen analysieren, bewerten und gestalten, Beziehungsgefüge analysieren;
- **Kompetenzbereich „Ordnung und System"** (des Ganzen) mit den Teilkompetenzen Märkte analysieren, Wirtschaftssysteme

---

[1] s. https://www.wida.wiwi.uni-due.de/fileadmin/fileupload/BWL-WIDA/Diskussionspapiere/EBOEBB_2011-01_AGOEB_Kompetenzziele_mit_ISSN_01.pdf

https://bankenverband.de/media/files/Oekonomische_Bildung_an_allgemeinbildenden_Schulen.pdf und Ordnungen analysieren, Politik ökonomisch beurteilen und gestalten.

Die genannten Kompetenzbereiche und Teilkompetenzen verstehen sich als schulstufen- und schulformunabhängig und sollen sich daher als Grundlage für die Formulierung von Standards in allen Schularten bzw. für alle Schulabschlüsse eignen.

Weitere Konzeptionen: Neben den beiden vorgestellten Ansätzen zur Definition und Gliederung von Bildungszielen bzw. Kompetenzen existieren weitere Vorschläge. Zu nennen ist beispielsweise das von einer interdisziplinären Arbeitsgruppe erarbeitete Kerncurriculum für den Lernbereich Beruf-Haushalt-Technik-Wirtschaft/Arbeitslehre (KecuBHTW 2006), die von Kaminski, Eggert und Burkard (2008) vorgestellte Konzeption für die ökonomische Bildung als Allgemeinbildung von der Primarstufe bis zur Sekundarstufe oder die Content Standards des *Council for Economic Education* in den USA (Siegfried 2010).

Aufgaben
1. Informieren Sie sich, welche Bestandteile ein Kompetenzstrukturmodell nach gängiger Auffassung aufweisen sollte und analysieren Sie vor diesem Hintergrund sowohl den Vorschlag der DeGöB als auch die in den bayerischen Lehrplänen dokumentierten Kompetenzstrukturmodelle für die Fächer WiRe und WiBu.
2. Untersuchen Sie die Lehrpläne der Fächer WiBu und WiRe auf Gemeinsamkeiten und Unterschiede mit dem Vorschlag der DeGöB.
3. Beschreiben Sie an konkreten Beispielen, was Schülerinnen und Schüler mit den fünf Kompetenzen der DeGöB in wirtschaftlich geprägten Lebenssituationen anfangen können.
4. Stellen Sie die unterschiedlichen Vorschläge für Bildungsstandards oder Kerncurricula nach dem folgenden Schema vor:

a. Anwendungsbereich (z.B. Bildungsbereiche und Schularten)
b. Grundsätzliche Auffassungen zur Bedeutung ökonomischer Bildung
c. Strukturierungsaspekte (z.B. Bildungsstufen, Lebensbereiche, Handlungs- oder Verhaltensbereiche, Taxonomien und Anforderungsstufen, Inhaltsbereiche)
d. Komplexität und Anwendungsrelevanz für curriculare Aufgaben.

Anregung für wissenschaftliches Arbeiten
Untersuchen Sie vor dem Hintergrund eines allgemein akzeptierten Kompetenzstrukturmodells unterschiedliche, für den Lernbereich Arbeit-Wirtschaft-Technik vorgestellte und publizierte Modelle.

2.4 Inhaltsbereiche ökonomischer Bildung

In Abhängigkeit von den jeweiligen wirtschaftsdidaktischen Grundpositionen kann die inhaltliche Schwerpunktsetzung in den Schularten und Jahrgangsstufen durchaus unterschiedlich ausfallen. Über alle Unterschiede hinweg, hat sich jedoch ein Verständnis herausgebildet, was zum inhaltlichen Kern wirtschaftlicher Bildung zu rechnen ist. Ein Beispiel dafür ist der Vorschlag für ein „Kerncurriculum ökonomischer Bildung" von Kaminski, Hübinger, Zedler, Staudt (2001, S. 14). Das Papier weist als zentrale Inhaltsfelder die privaten Haushalte, Unternehmen, Wirtschaftsordnung, Staat und Ausland aus und formuliert jeweils dazu passende Lernziele und Inhalte. Verwiesen sei ferner auf die von Kaminski, Eggert und Burkhard (2008, S. 12) vorgestellten Inhaltsbereiche ökonomischer Bildung:

- Die Wirtschaftsordnung eines Landes als ordnungspolitische Gesamtaufgabe.
- Die Stellung der privaten Haushalte im Wirtschaftsgeschehen
- Unternehmen als ökonomische und soziale Aktionszentren
- Die Funktionen des Staates in einer marktwirtschaftlichen Ordnung
- Internationale Wirtschaftsbeziehungen
- Arbeit und Beruf

Diese Inhaltsbereiche werden verschiedentlich sowohl in der fachdidaktischen Literatur als auch in diversen Stellungnahmen von Institutionen und Verbänden zur ökonomischen Bildung nochmals zu speziellen Teilbereichen, Wissensgebieten oder Domänen zusammengefasst. Zu nennen sind hier vor allem die Verbraucherbildung, das unternehmerische Lernen, die finanzielle Allgemeinbildung sowie die Berufs- und Studienorientierung und die wirtschaftspolitische Bildung. Sie werden nachfolgend etwas näher charakterisiert. Noch wenig Resonanz haben informatorische Inhalte im wirtschaftsdidaktischen Diskurs gefunden. Aufgrund der engen Verbindung der Fächer Wirtschaftsinformatik und Wirtschaft und Recht am Wirtschaftswissenschaftlichen Gymnasium in Bayern, wird dieser Inhaltsbereich jedoch hier ebenfalls in seinen Grundstrukturen skizziert.

2.4.1 Verbraucherbildung

Entwicklung, Ausgangssituation und Bedeutung: Die Geschichte systematischer Verbraucherbildung ist nicht besonders alt, hat aber in der hauswirtschaftlichen Bildung einen gewissen Vorläufer. Wichtige Impulse für eine Verbrauchererziehung bzw. -bildung kamen in den 60er Jahren des vorigen Jahrhunderts von Seiten der Kultur- und Sozialkritik sowie der Verbraucherpolitik (Pleiß 1994, S. 62). Nach Kiper und Paul (1995, S. 27) wurde die Diskussion über die Verbrauchererziehung vor allem auch durch Erich Weber angestoßen, der aus kulturkritischer Perspektive Ende der 60er Jahre die Industriegesellschaft als Konsumgesellschaft definierte. Sie wird von ihm folgendermaßen charakterisiert (Weber 1969, S. 27 ff.):

- Die Aufmerksamkeit verlagere sich vom Produzieren zum Konsumieren.
- Das Wirtschaften erfolge nicht mehr nur mit dem Ziel der Bedarfsdeckung, sondern wecke und produziere zugleich die zu befriedigenden Bedürfnisse.
- Das Wirtschaften geschehe in der Erwartung von Wirtschaftswachstum und ziele auf eine Erhöhung des Lebensstandards und die Zunahme des allgemeinen Wohlstands (Einkommenszunahme, Freizeitgewinn, soziale Sicherheit, Verlängerung der Lebens-

erwartung, zunehmende Eigentumsbildung, wachsende Konsum-
chancen und Kommunikationsmöglichkeiten).

- Der Konsument gewinne eine einflussreiche Stellung.
- Lebensglück und Lebenserfolg würden am Ausmaß des Konsums festgemacht; Konsumieren würde zum Statussymbol. Der demonstrative Konsum nehme zu.
- Konsumgesellschaft und Freizeitgesellschaft bedingten einander. Es entstehe ein „Freizeitmarkt".
- Feststellbar sei auch eine Verbraucherhaltung in der Freizeit (im Bereich der Unterhaltungs-, Vergnügungs-, Kulturindustrie).

Heute zählen Verbraucherbildung bzw. Verbrauchererziehung zu anerkannten Strategien der Verbraucherpolitik, die aktuell vor allem durch Organisationen und Strukturen der europäischen Union beeinflusst wird (vgl. Kroeber-Riel, Weinberg & Gröppel-Klein 2009, S. 701ff.). Die Bedeutung der Verbraucherbildung wird durch diverse Stellungnahmen und Appelle von Verbänden und Organisationen sowohl auf nationaler wie internationaler Ebene betont: Ein Beispiel hierfür ist der Ausschuss für Verbraucherpolitik CCP bei der *Organisation für wirtschaftliche Zusammenarbeit und Entwicklung* (OECD) (Steffens 2011). Nationale Initiativen der Verbraucherschutzverbände sowie Beschlüsse und Erlasse auf ministerieller Ebene gehen in dieselbe Richtung. Richtungsweisend für Schule und Unterricht sind zudem die Beschlüsse der Kultusministerkonferenz zur Verbraucherbildung vom 12.09.2013 oder die Richtlinien zur ökonomischen Verbraucherbildung des bayerischen Kultusministeriums vom 14. Dezember 2009[2]. In den Fokus gerät die Verbraucherbildung zunehmend auch durch die Forderung nach einem Mehr an ökologischer Nachhaltigkeit im Konsumhandeln (vgl. Wittau 2019, S. 48).

---

[2] s. auch: http://www.verbraucherbildung.bayern.de/schule/schulprojekt/index.htm

Die besondere Bedeutung der Verbraucherbildung in Schule und Unterricht erklärt sich vor allem aus den Besonderheiten des Lebensabschnitts (vgl. Hurrelmann & Quenzel 2012, 190ff.; Kroeber-Riel, Weinberg & Gröppel-Klein 2009, S. 491ff.). Kinder und Jugendliche stehen Konsum und Freizeiterlebnissen generell positiv gegenüber und verfügen oftmals bereits über erhebliche finanzielle Mittel. Zudem erweitert sich schrittweise ihr rechtlicher Handlungsrahmen. Schülerinnen und Schüler zählen daher zu einer von den Unternehmen besonders umworbenen Zielgruppe. Dass digitale Medien bei der Beeinflussung des Ernährungs- und Kaufverhaltens mittlerweile eine bedeutsame Rolle spielen, verbindet die Anliegen der Verbraucher- mit denen der Medienbildung.

Definition und Ziele der Verbraucherbildung: May (2010, S. 61) subsummiert unter Verbrauchererziehung all jene Maßnahmen, *„die darauf abzielen, Kinder und insbesondere Jugendliche für die Bewältigung der ihnen mit dem Kauf und Konsum von Gütern und Dienstleistungen begegnenden Probleme zu rüsten."*

Etwas weiter und weniger prägnant wird Verbraucherbildung in einem Bericht der OECD charakterisiert: *„Verbraucherbildung in Schulen vermittelt den Schüler/innen mehr als bloßes Wissen. Sie will vor allem kritisches Denken und Problemlösungen fördern. Zu den Zielen gehören beispielsweise: Erwerb von Kenntnissen über das Handeln als informierter Verbraucher; Verstehen der Funktionsweise der Gesellschaft (society) insgesamt und der spezifischen Rolle des Verbrauchers darin; Beherrschen der Fähigkeiten (skills) eines informierten und verantwortungsbewussten Verbrauchers; Erkennen der Bedeutung des informierten Verbrauchers. Das Endziel besteht darin, dass Verbraucher spontan in informierter, aufgeklärter und verantwortungsvoller Weise handeln. All das soll dadurch geleistet werden, dass angestrebt wird, die Schüler/innen mit einsichtigem Wissen über den Platz des Verbrauchers in einer komplexen, vielschichtigen Gesellschaft auszu-*

statt. *Dazu sollen sie grundlegende Kenntnisse in Bereichen wie etwa Verbraucherschutzgesetzgebung, persönliche Finanzen, Gesundheit, Marketing, Technologie, Umwelt, Wirtschaft und Alltag erwerben. Zudem wird von den Schulen erwartet, die Schüler/innen über die Einflüsse aufzuklären, denen sie bezüglich der Lebensstile, der Konsumgewohnheiten, Werte und Einstellungen ausgesetzt sind."* (OECD 2009, S. 13 in Steffens 2011, S. 161 f.).

In der Richtlinie des bayerischen Kultusministeriums zur ökonomischen Verbraucherbildung wird Verbraucherbildung folgendermaßen charakterisiert: *„Verbraucherbildung beschreibt Qualifizierungsmaßnahmen, die über konsumbezogene Inhalte informieren und ein verantwortungsbewusstes Verbraucherverhalten schulen. Sie bezieht sich auf alle Bereiche des menschlichen Lebens, in denen Konsum stattfindet, wie z.B. Ernährung, Gesundheit, Wohnen, Mobilität, Freizeit, Sport und vieles mehr. Gegenstand der Verbraucherbildung sind aber nicht nur produkt- und dienstleistungsbezogene Inhalte, sondern auch — von den oben genannten Themen unabhängig — ökonomische, ökologische, technische, rechtliche, politische, kulturelle, ethische sowie sozial- und naturwissenschaftliche Dimensionen im Sinne einer Bildung für nachhaltige Entwicklung."* Den Hintergrund für die in Zusammenhang mit der Verbraucherbildung diskutierten Ziele bildet das Leitbild des mündigen Verbrauchers, das angesichts der Ungleichgewichte zwischen Produzent und Konsument allerdings durchaus hinterfragt werden kann (vgl. Wittau 2019, S. 67ff.).

Inhalte der Verbraucherbildung: Mit den vorher aufgeführten Definitionen und Charakterisierungen sind die wichtigsten Inhalte der Verbraucherbildung bereits aufgeführt. Kompetenzen innerhalb der Verbraucherbildung sollten sich auf folgende Bereiche beziehen: Volkswirtschaftliche Zusammenhänge, Qualitätskriterien von Produkten, Nahrungsmitteln und Dienstleistungen. Aus dem Konsum dieser Güter resultierende gesundheitliche, ökologische und soziale

Konsequenzen. Wichtige Inhalte sind ferner Institutionen des Verbraucherschutzes, Möglichkeiten zum Erhalt konsumrelevanter Informationen sowie methodische Möglichkeiten, um zu reflektierten Entscheidungen zu gelangen. Notwendiges Rüstzeug für einen verantwortungsbewussten Konsum sind des weiteren Kenntnisse aus den Bereichen Finanzierung (Beschaffungsoptionen und Bedingungen) und Geldanlage (Verwendung und Anlagekriterien), Marketing (z.B. Werbung) und elementarer Verbraucherrechte (z.B. Rechts- und Geschäftsfähigkeit, Taschengeldparagraph, Jugendschutz). Auch die persönliche Lebensvorsorge zählt zum Inhaltsspektrum der Verbrauchererziehung (vgl. Reifner 2011). Mehr und mehr Bedeutung innerhalb der Verbraucherbildung gewinnt zudem ein verantwortungsbewusster Umgang mit Daten.

Grundsätzliche Einstellungen und Kompetenzen: Neben Sachwissen und methodischen Fähigkeiten umfasst Verbraucherkompetenz einen Kanon selbst angeeigneter Werthaltungen und Einstellungen. Er äußert sich in Produkt-, Preis-, Qualitäts-, Umwelt-, Rechts- und Gerechtigkeitsbewusstsein sowie in einem sozialen und globalen Verantwortungsbewusstsein. Damit sich individuell ein derartiges Bewusstsein ausbilden kann, ist eine unterrichtliche Auseinandersetzung mit Werten und Einstellungen ebenfalls ein wichtiger Inhaltsbereich der Verbraucherbildung. Enge Bezüge besitzt die Verbraucherbildung daher zur Umwelt-, Gesundheits- und Medienerziehung. Zusammenfassend lassen sich die für einen verantwortungsbewussten Konsum relevanten Kompetenzen folgendermaßen umschreiben: Markt-, Finanz-, Daten- und Informationskompetenz (Staatsinstitut für Schulqualität und Bildungsforschung München 2011, S. 2).[3]

---

[3] s. http://www.isb.bayern.de/download/13715/grundlegende_kompetenzen.pdf

Aufgaben

1. Skizzieren Sie in Abhängigkeit des Alters von Kindern und Jugendlichen typische Konsumsituationen und analysieren Sie die jeweilige Problematik aus Sicht der Verbraucherbildung.

2. Intentionen für die Verbraucherbildung sind in verschiedenen Dokumenten niedergelegt. Dabei werden die Ziele als Inhalte, Lernergebnisse oder Lerngelegenheiten formuliert. Fassen Sie die unterschiedlich formulierten Ziele unter dem Oberbegriff Handlungs- bzw. Entscheidungskompetenz zusammen und erarbeiten Sie eine Übersicht mit dazugehörigen Fach-, Methoden-, Sozial- und Personal- bzw. Individualkompetenzen.

3. Untersuchen Sie die Lehrpläne für die Fächer WiBu und WiRe in Bezug auf Ziele, Kompetenzen und Inhalte aus dem Bereich Verbrauchererziehung. Gehen Sie dabei auch auf Defizite ein.

4. Überlegen Sie, wie sich die Ziele und angestrebten Kompetenzen innerhalb der Verbraucherbildung methodisch effektiv umsetzen lassen. Beziehen Sie in Ihre Überlegungen auch Unterrichtsmaterialien aus dem Internet mit ein, z.B. von z.B. https://www.verbraucherbildung.de/

5. Reflektieren Sie Ihre eigenen Einstellungen zu Konsum und Verbraucherbildung. Beziehen Sie in die Überlegungen ihre bisherigen Konsumerfahrungen, ihr soziales Umfeld sowie Ihren Anspruch als Wirtschaftslehrer mit ein.

Werbeerziehung: Ein wichtiges Element der Verbraucherbildung ist die Werbeerziehung. Kinder und Jugendliche bilden eine eigene Zielgruppe im Bereich des Marketings von Unternehmen. Besonders die vielfältigen Möglichkeiten des Internetmarketings, Kunden gezielt und personalisiert anzusprechen, sind Verpflichtung, diese Thematik im Rahmen der Verbraucherbildung ausreichend zu berücksichtigen.

Grundsätzliche Ziele, die mit einer Werbeerziehung verbunden werden können, lassen sich nach Maria Furtner-Kallmünzer (1999) folgendermaßen formulieren: Werbung erkennen, um die Absicht der Werbung wissen und ihre Glaubwürdigkeit relativieren, Distanz zu Werbung durch Analyse ihrer Mittel gewinnen, Distanz zu Werbung durch Ironisierung gewinnen und den Rückschluss auf das eigene Konsumverhalten ziehen.

Methodische Umsetzung: Grundlage für ein reflektiertes Verbraucherverhalten sind Informationen. Diese sollten sich die Schülerinnen und Schüler möglichst selbstgesteuert über Erkundungen, Experteninterviews oder Freiarbeit aneignen. Der Zusammenarbeit mit außerschulischen Partnern wie Verbraucherzentralen und –verbänden, Hochschulen oder Nicht-Regierungsorganisationen kommt daher eine wichtige Bedeutung zu. Allein auf der Stufe der Ansammlung enzyklopädischen Wissens darf der Unterricht allerdings nicht stehen bleiben, da es bei Verbrauchssituationen – wie bei allen anderen wirtschaftlichen Handlungssituationen – im Kern um Entscheidungen und ihre Wertgrundlagen geht. Sie können über Fallstudien, Entscheidungsübungen und Planspiele trainiert werden.

Für die Werbeerziehung finden sich besonders bei Furtner-Kallmünzer (1999) zahlreiche Anregungen für die methodische Realisierung:

Werbung erkennen

- Erkundungsgänge: Werbungsträger auf dem Schulweg erkennen.
- Marketing- und Merchandise-Konzepte erkennen, z.B. Vermarktungskonzept der Barbie-Puppe.
- Erkundungen im Supermarkt, z.B. Lockvogelangebote.
- Productplacement in Filmen erkennen, z.B. in James Bond.

Um die Absicht der Werbung wissen und ihre Glaubwürdigkeit relativieren

- Leitfrage: Was will Werbung erreichen?
- Was will Werbung mit Gewinn- und Preismerchandising erreichen?
- Werbeaussagen auf Wahrheitsgehalt überprüfen, z.B. teure mit billigen Marken vergleichen Werbeaussagen ins Gegenteil verfremden, z.B. mit selbst erstellten Werbetexten oder Bildern

Distanz zu Werbung durch Analyse ihrer Mittel gewinnen

- Analyse der Werbetexte nach den verwendeten Adjektiven bzw. Sprachbildern untersuchen.
- Erfinden von eigenen Werbetexten und Sprachbildern.
- Verfremdung vorhandener Werbetexte.
- Analyse des Layouts von Werbetexten, z.B. Fettdruck, Typografie, Farbgestaltung etc.
- Ergänzung von textlosen Werbeplakaten.
- Menschenbilder in Zeitschriftenwerbung untersuchen.
- An Werbebeispielen die Zielgruppe herausfinden.
- Verpackungen selbst gestalten.

Distanz zu Werbung durch Ironisierung gewinnen

- Verfremdung oder Ironisierung von Werbung.
- Eigene Werbetexte erfinden.
- Slogans oder Melodien finden für eigentlich unverkäufliche Waren.
- Werbung ins Gegenteil verkehren.
- Lügengeschichten erfinden.

Den Rückschluss auf das eigene Konsumverhalten ziehen

- Zusammenhang zwischen Werbung, Peer Group und Konsum verdeutlichen.

- Collagen zu In- und Out-Produkten.
- Anregungen zur Reflexion des eigenen Konsumverhaltens.
- Strategien für richtiges Einkaufen erarbeiten.

Aufgaben

1. Suchen Sie im Internet nach Studien und Befragungen von Kindern und Jugendlichen zu Taschengeld und Konsum und stellen Sie die Ergebnisse vor.
2. Erstellen Sie ein Schaubild in dem sowohl die Bedeutung als auch Ziele und Inhalte der Werbeerziehung veranschaulicht werden.
3. Untersuchen Sie die Lehrpläne für die Fächer WiBu und WiRe in Bezug auf Ziele bzw. Kompetenzen und Inhalte aus dem Bereich der Werbeerziehung.
4. Gestalten Sie in der Gruppe und unter Nutzung einer App eine Werbeseite im Internet für ein fiktives Produkt für Kinder oder Jugendliche eines bestimmten Alters. Begründen Sie, mit welchen Effekten die Werbewirkung erreicht werden soll.
5. Skizzieren Sie unter Berücksichtigung einer methodischen Großform (z.B. Fallstudie, Rollenspiel, Planspiel) eine Unterrichtseinheit zur Kompetenzanbahnung aus den Bereichen Verbraucher- oder Werbeerziehung.

Anregungen für wissenschaftliches Arbeiten – Befragung
Suchen Sie im Internet nach Studien und Befragungen von Kindern und Jugendlichen zu Taschengeld und Konsum und erstellen Sie ausgehend davon einen eigenen Fragebogen. Beachten Sie hierbei die Standards für die Fragebogenerstellung. Führen Sie die Befragung im Bekanntenkreis oder in der Universität durch und werten Sie die Ergebnisse auch im Hinblick auf Konsequenzen für den wirtschaftlichen Unterricht aus.

2.4.2 Unternehmerisches Lernen

Ausgangssituation und Bedeutung: Unternehmen bilden das Rückgrat der Wirtschaft. Das Unternehmertum ist daher eine wichtige Ressource, um den Motor der Wirtschaft am Laufen zu halten. Im Verhältnis zu vergleichbaren Industrieländern ist die Anzahl an Unternehmensneugründungen in Deutschland eher gering (vgl. KfW 2017). Dieser Umstand bietet seit geraumer Zeit Anlass zu Klagen aus verschiedenen Richtungen. Von Seiten der Wirtschaft wird beispielsweise moniert, dass dies die Wettbewerbsfähigkeit Deutschlands untergrabe (vgl. Aff 2008, S. 297f.). Die geringe Bereitschaft, das Risiko einer Unternehmensgründung der Sicherheit einer Festanstellung vorzuziehen, würde Innovationskräfte behindern und damit die Wirtschaft im internationalen Wettbewerb schwächen. Eine geringe Gründungsneigung wird außerdem als problematische Entwicklung im Hinblick auf die für viele Unternehmen relevante Frage der Nachfolge betrachtet (Ebbers & Klein 2011, S. 30). Als weiteres gewichtiges Argument gilt in diesem Zusammenhang, dass Unternehmen Arbeitsplätze schaffen und als Selbstständige die Sozialkassen entlasten würden. Die Förderung des Unternehmertums erscheint daher als gesellschaftlich wünschenswerte Aufgabe, die auch Schule und Unterricht in die Pflicht nehmen sollte. Pädagogische Ziele bleiben solche Argumentationen jedoch schuldig.

Näher an die Intentionen ökonomischer Bildung rückt das unternehmerische Lernen allerdings dann, wenn es in Verbindung mit Persönlichkeitsentwicklung, dem Aufbau eines Verständnisses für wirtschaftliche Zusammenhänge oder der Berufs- und Studienorientierung gebracht wird.

Begriffsabgrenzungen und Definitionen: Für wirtschaftsdidaktische Überlegungen sind zunächst die Begriffe Unternehmer, Existenzgründer oder Entrepreneur voneinander abzugrenzen. Diese werden zwar vielfach synonym verwendet, sind jedoch mit unterschiedlichen Konnotationen belegt: Als Entrepreneure können diejenigen Unternehmer bezeichnet werden, die innovative Ideen ökonomisch realisieren, also in einem Markt etablieren (Kirchner & Loerwald 2014, S.10). Mit dem Label Existenzgründer lassen sich dagegen Unternehmer bezeichnen, die ein bereits existierendes Geschäftsmodell in einem bekannten und etablierten Markt begründen (ebd. S.21). Entrepreneure müssen nicht zwangsläufig Neugründer sein. Es kann sich auch um Unternehmensnachfolger handeln, die mit Hilfe ihres *„entrepreneurial spirits"* neue Geschäftsfelder und Märkte erschließen (Aff 2008, S.304).

Mit dem Entrepreneurbegriff lassen sich verschiedene, für die Persönlichkeitsentwicklung wünschenswerte Charaktereigenschaften in Verbindung bringen. *Entrepreneurship Education* hat daher als Bildungsbereich auch Eingang in schulische Curricula gefunden. Von Kirchner und Loerwald (2014, S.39) stammt die folgende für den Schulkontext passende Definition von Entrepreneurship Education: *„Das Leitbild der Entrepreneurship Education ist der mündige Entrepreneur, der in der Lage ist, in unternehmerischen Kontexten selbstständig und sozial verantwortet zu handeln. Entrepreneurship Education umfasst dabei alle Bildungsprozesse, die unternehmerische Kreativität, Innovationsfähigkeit, Selbstwirksamkeitsüberzeugung, Leistungsmotivation, rationalen Umgang mit Risiko und Verantwortungsbewusstsein fördern und die solche ökonomischen und überfachlichen Kompetenzen vermitteln, die für die Anbahnung, Realisation und Reflexion unternehmerischer Initiativen (Entrepreneurship) erforderlich sind."*

Die Zielrichtung der Entrepreneurship Education muss allerdings nicht zwangsläufig auf Selbstständigkeit oder Gründung eines eigenen Unternehmens fixiert sein. Denn Angestellte innerhalb eines Unternehmens können ebenfalls innovativ sein und als so genannte „Intrapreneure" zum unternehmerischen Erfolg beitragen. Jenseits betrieblicher oder unternehmerischer Interessen kann eine Entrepreneurship Education außerdem auch privat von Nutzen sein, etwa als individuelle Ressource für die zielgerichtete und innovative Gestaltung eigener Belange.

Unternehmer (in eigener Sache) – Persönlichkeitsmerkmale und Kompetenzen: Zu den Leitbildern ökonomischer Bildung zählen mittlerweile das „unternehmerische Denken und Handeln" genauso wie der „Unternehmer in eigener Sache". Für das unternehmerische Handeln im Rahmen des eigenen Haushalts, als Vermarkter der eigenen Person auf dem Arbeitsmarkt oder in Zusammenhang mit Investitionen und Vermögensaufbau bedarf es verschiedener Kompetenzen und Persönlichkeitsmerkmale, wie sie eben Unternehmern, Existenzgründern oder Entrepreneuren zugebilligt werden. Zu nennen sind in diesem Zusammenhang Kreativität, Innovationsfähigkeit, Motivation und Verantwortungsbewusstsein. Des Weiteren zählt dazu die Fähigkeit, strategische und rationale Entscheidungen zu treffen, neue Wege zu gehen, Gewinne und Verluste zu kalkulieren oder die Fähigkeit, Probleme zu erkennen und adäquate Problemlösungsprozesse in Gang zu setzen.

Methodische Umsetzung: Die Umsetzung der Entrepreneurship Education im schulischen Unterricht setzt auf eine gezielte Vorbereitung der Schülerinnen und Schüler auf die Rollen als Erwerbstätige oder Unternehmer. Wichtig ist hierbei sowohl die Förderung spezifischer Persönlichkeitsmerkmale als auch der Aufbaue eines adäquaten fachlichen Wissens. Persönlichkeitsmerkmale und fachliche Kompetenzen rund um das Unternehmertum lassen sich nach Ansicht vieler Wirtschaftsdidaktiker in besonderer Weise mit handlungsorientierten Großformen anbahnen. Dazu zählen u.a. das Planspiel, Simulationen,

Betriebserkundungen oder Schülerfirmen (vgl. Retzmann & Schröder 2012, S. 169).

Aufgaben
1. Suchen Sie im Internet nach Studien zu Zahlen und Bedingungen von Existenzgründungen in Deutschland und stellen Sie die Ergebnisse kurz vor.
2. Erstellen Sie ein Schaubild bzw. ein Padlet zu Bedeutung, Zielen und Inhalten des unternehmerischen Lernens.
3. Untersuchen Sie die Lehrpläne für die Fächer WiBu und WiRe in Bezug auf Ziele und Inhalte für den Bereich unternehmerischen Lernens.
4. Skizzieren Sie unter Berücksichtigung einer methodischen Großform (z.B. Fallstudie, Rollenspiel, Planspiel, Schülerfirma) eine Unterrichtssequenz zur Kompetenzanbahnung für unternehmerisches Handeln.
5. Haben Sie bereits eine Geschäftsidee für eine Schülerfirma? Wenn ja, informieren Sie sich im Internet über das Business Modell Canvas, legen Sie eine entsprechende Vorlage als Padlet an und bearbeiten Sie in Gruppen die einzelnen Punkte.

Anregungen für wissenschaftliches Arbeiten
Analysieren Sie Literatur und Texte zum Unternehmertum, z.B. Schumpeter, J. (1912: Theorie der wirtschaftlichen Entwicklung. Leipzig: Verlag von Duncker und Humblot) und vergleichen Sie die dort jeweils vorgestellten Menschenbilder mit pädagogischen bzw. wirtschaftsdidaktischen Leitbildern.

2.4.3 Finanzielle Bildung

Ausgangssituation und Bedeutung: Neben solchen Intentionen, die auf Erkenntnis und Verständnis grundsätzlicher wirtschaftlicher Zusammenhänge abzielen, ist wirtschaftliche Bildung stets auch auf die Anlage konkreter Fähigkeiten und Fertigkeiten ausgerichtet. Dazu zählt neben der Anbahnung von Entscheidungsgrundlagen für die Berufs- oder Studienwahl vor allem die Verbraucherbildung. Als Teilbereich der Verbraucherbildung ist die finanzielle Allgemeinbildung in den letzten Jahren verstärkt in das Blickfeld gerückt.

Ohne eine Fokussierung des Geldes kommt ökonomische Bildung ja ohnehin nur schwer aus: Geld ist Zahlungsmittel, Tauschmittel und Wertaufbewahrungsmittel. Sieht man von Tauschbörsen ab, ermöglicht erst das Geld dem Einzelnen, am wirtschaftlichen Leben teilzunehmen.

Das in den letzten Jahren zunehmende Interesse an Vorgängen rund ums Geld hat verschiedene Gründe: Neben den auch für private Anleger spürbaren Schwankungen an den Finanzmärkten sowie der Verschuldungsproblematik privater Haushalte sind vor allem die demografische Entwicklung, die Veränderungen der Erwerbsformen und die dadurch erwartete verminderte Leistungsfähigkeit der sozialen Sicherungssysteme zu nennen. Nach Ansicht von Politik und Wirtschaftsverbänden muss diesen Unsicherheit durch einen Ausbau individueller Daseinsvorsorge begegnet werden. Wie einzelne Untersuchungen belegen, scheinen die deutschen Haushalte hier im Vergleich zu anderen Industrieländern allerdings zu sehr auf unrentable Spar- und Anlageformen zu setzen. So ist beispielsweise der private Anteil bei Immobilien- und Aktienbesitz in Deutschland trotz der langfristigen Renditemöglichkeiten im Vergleich zur Streuung dieser Anlageformen in der Bevölkerung anderer Länder vergleichsweise niedrig.

Die enormen Wachstumsraten des Internethandels und die damit einhergehenden Formen des bargeldlosen Zahlungsverkehrs sind aktuell weitere Gründe, die für einen Ausbau der finanziellen Bildung an allgemeinbildenden Schulen sprechen. Indes darf nicht übersehen werden, dass das Interesse an finanzieller Bildung nicht ausschließlich pädagogisch motiviert sein muss, sondern – etwa seitens der Banken oder Unternehmen – durchaus auch wirtschaftliche oder politische Motive eine Rolle spielen können.

Definition: Im Kontext finanzieller Bildung existieren die unterschiedlichsten Bezeichnungen und Konzepte. Mit Kaminski und Friebel (2012, S. 6) kann finanzielle Allgemeinbildung zunächst als Prozess bezeichnet werden, der zur Entwicklung von Finanzkompetenz beiträgt. Welche Facetten hinter der Finanzkompetenz vermutet werden, soll anhand einer bei Udo Reifner (2010, S. 13) vorgestellten Definition der OECD für die *financial education* aufgezeigt werden. Demnach ist die finanzielle Allgemeinbildung *„ein Prozess, durch den ein Finanzverbraucher/Investor sein Verständnis von Finanzprodukten und ihrer Struktur verbessert und durch Informationen, Unterrichtung und/oder unabhängige Beratung Fähigkeiten und Vertrauen erwirbt, um sich besser der Risiken bewusst zu werden und Potentiale für informierte Entscheidungen zu erkennen und weiß, wo er oder sie Hilfe erhalten können, um andere weitere Schritte unternehmen zu können, die das finanzielle Wohlergehen verbessern"* (OECD 2005, S. 21). In welche einzelnen Kompetenzbereiche und Inhalte sich finanzielle Allgemeinbildung aufspalten lässt, wird nachfolgend skizziert.

Ziele und Inhalte: In Entsprechung zur Verbraucherbildung kann finanzielle Allgemeinbildung argumentativ an der Situation des Einzelnen, seinen aktuellen Bedürfnissen sowie seinen zukünftig zu bewältigenden Lebenssituationen und Problemen ansetzen (vgl. Reifner 2010, S. 23). Als Ausgangspunkt für eine Konkretisierung finanzieller

Bildung eignet sich die Frage nach der jeweils erforderlichen Handlungskompetenz, die sich je nach Anlass in die Fach-, Methoden-, Personal- und Sozialkompetenz gliedern lässt. Innerhalb der Fachkompetenz lassen sich Kenntnisse über die Funktion des Geldes, Geldwertstabilität, Bezahlsysteme, Anlagemotive, -formen und Beurteilungskriterien (Rentabilität, Liquidität, Sicherheit), Versicherungen und Vermögensbildung sowie über institutionelle Zusammenhänge beispielsweise zur EZB oder zu den Finanzmärkten verorten. Finanzielle Allgemeinbildung soll ja nicht nur zum kompetenten Agieren an den Finanzdienstleistungsmärkten beitragen, sondern dem Einzelnen auch das Rüstzeug liefern, durch das eigene (politische) Verhalten die institutionellen oder ordnungspolitischen Rahmenbedingungen für Finanzwesen und Finanzprodukte mit zu beeinflussen (vgl. Kaminski & Friebel 2012, S. 6). Methodenkompetenz kann unter anderem Fähigkeiten zum bargeldlosen Zahlungsverkehr oder zur planmäßigen Recherche über Anlage- und Vorsorgeprodukte beinhalten. Mit Personalkompetenz lässt sich insbesondere die Reflexionsfähigkeit über den Zusammenhang von Bedürfnissen, Einsatz und Nutzen von Finanzdienstleistungen oder Anlageprodukten umschreiben. Sozialkompetenz bezieht sich zum einen auf die Fähigkeit, Beratungsgespräche zu bestehen (Reifner 2010, S. 24). Sie hat darüber hinaus eine über die eigene Person hinausreichende Dimension, die in der Berücksichtigung von Effekten unterschiedlicher Geldanlageformen auf gesellschaftliche oder internationale Zusammenhänge liegt.

Schösser, Neubauer und Tzanova (2012, S. 23) identifizieren als Konsequenz der Auswertung einschlägiger Literatur folgende vier inhaltliche Kernbereiche finanzieller Bildung: Vermögen bilden, mit Verschuldung umgehen, sich versichern und täglich mit Geld umgehen (Zahlungsverkehr).

Methodische Umsetzung: Viele mit finanziellen Vorgängen verbundene Handlungen oder Instrumente sind den Schülerinnen und Schülern aufgrund ihres Alters nicht zugänglich. Sowohl der medialen Veranschaulichung von Zusammenhängen, als auch der Simulation finanzieller Transaktionen kommt daher eine wichtige Rolle zu. Zudem werden verschiedene Methoden als sinnvoller Beitrag zum Aufbau von Finanzkompetenz betrachtet. Dazu zählen etwa der Besuch einer Bank, das Gespräch mit einem Schuldnerberater, die Bearbeitung von Fallstudien oder die Durchführung geeigneter Planspiele (z.B. Haushalts- oder Börsenplanspiele). Auch das Führen eines Haushaltsbuchs wird als adäquate Methode gesehen.

Aufgaben
1. Suchen Sie im Internet nach Studien und Befragungen zur Verschuldungsproblematik bzw. zu finanziellen Kompetenzen von Jugendlichen und Erwachsenen und stellen Sie die Ergebnisse vor.
2. Erstellen Sie ein Schaubild oder Padlet zu Bedeutung, Zielen und Inhalten finanzieller Allgemeinbildung.
3. Untersuchen Sie die Lehrpläne für die Fächer WiBu und WiRe, inwieweit sich dort Ziele bzw. Kompetenzen und Inhalte finanzieller Allgemeinbildung finden.
4. Formulieren Sie unter Rückgriff auf die Kompetenzvorschläge der DeGöB Kompetenzen, die die Schülerinnen und Schüler in Bezug auf folgende Handlungsfelder im Internet aufweisen sollten: Bargeldlos Bezahlen, Nutzung von Vergleichsportalen, online-Banking, online-Brokering.
5. Skizzieren Sie unter Berücksichtigung einer methodischen Großform (z.B. Fallstudie, Rollenspiel, Planspiel, Schülerfirma) eine Unterrichtssequenz zur Kompetenzanbahnung im Bereich der finanziellen Allgemeinbildung.
6. Untersuchen Sie die Unterrichtsvorschläge des Präventionsnetzwerks Finanzkompetenz e.V. (http://www.unterrichtshilfe-finanzkompetenz.de/index.htm) in Bezug auf Lehrplankonformität und Eignung für die Umsetzung in den Fächern WiRe und WiBu.

Anregungen für wissenschaftliches Arbeiten
1. Führen Sie eine Befragung unter Ihren Kommilitoninnen und Kommilitonen zu finanziellem Wissen durch. Konzipieren Sie hierzu einen Fragebogen nach üblichen wissenschaftlichen Standards. Werten Sie die Ergebnisse aus und ziehen Sie Konsequenzen für die finanzielle Bildung an Schulen.
2. Charakterisieren Sie grundsätzliche und aktuelle Probleme des Finanzsektors (z.B. Giralgeldschöpfung, Zinspolitik der EZB, digitale Zahlungsmittel) und analysieren Sie diese im Hinblick auf Bildungsbedeutsamkeit und Möglichkeiten der methodischen Behandlung im Wirtschaftsunterricht.

2.4.4 Integrative wirtschaftlich-politische Bildung

Bedeutung: Politik, Wirtschaft und Gesellschaft stehen in einem interdependenten Verhältnis zueinander. Ökonomische Prozesse bilden die Voraussetzungen für politische Prozesse und sie haben Auswirkungen auf die Stabilität von Staat und Gesellschaft. Umgekehrt setzt Politik die Rahmenbedingungen für die Wirtschaft. Denn aufgrund der Knappheit mancher Güter und Ressourcen ist eine politische Entscheidung über die Verteilung in vielen Fällen unumgänglich (vgl. Detjen 2006, S. 68; Kreft 2008, S. 254). Dass wirtschaftliche Vorgänge nur schwer von ihren gesellschaftlichen, politischen, historischen und kulturellen Kontexten zu trennen sind, wird zunehmend auch in den Wirtschaftswissenschaften diskutiert (vgl. Engartner u.a. 2018).

In den letzten Jahren sind die Stimmen daher lauter geworden, ökonomische Bildung nicht isoliert von politischer oder sozialwissenschaftlicher Bildung zu verfolgen, sondern Schülerinnen und Schülern einen mehrperspektivischen Unterricht zu ermöglichen, der den sozioökonomischen Realitäten eher entspricht.

Die Verwobenheit von Politik und Wirtschaft ist mit ein Grund dafür, dass im Zuge der Forderung, mehr ökonomische Bildung in die Schule zu bringen, in einigen Bundesländern Kombinationsfächer eingerichtet wurden. Begleitet waren und sind diese Entwicklungen von einer didaktischen Kontroverse über die Gemeinsamkeiten und Eigentümlichkeiten beider Bildungsbereiche. Auf die laufenden Diskussionen, besonders über Bildungswert und Inhaltsabgrenzung einer sozialwissenschaftlichen bzw. integrativen Ausrichtung ökonomischer Bildung kann hier nicht näher eingegangen werden (vgl. dazu beispielsweise Retzmann 2006; Hedtke 2006; Steffens & Widmaier 2008; Engartner u.a. 2018; Fischer & Zurstrassen 2014).

Ohne eine Thematisierung der politischen Rahmenbedingungen unter denen sich wirtschaftliches Handeln von Privathaushalten, Unternehmen und öffentlicher Hand vollzieht, kommt ökonomische Bildung jedoch kaum aus.

Ziele und Inhalte: Nicht zuletzt der Blick auf den Kompetenzkatalog der DeGöB zeigt, dass sich die ökonomische Bildung dem Konzept des mündigen Wirtschaftsbürgers verpflichtet fühlt und dies durch eine adäquate Kompetenzanbahnung befördern will. Um den Überschneidungsbereich zwischen politischer und wirtschaftlicher Bildung zu identifizieren, macht es Sinn, sich den inhaltlichen Kern beider Bereiche zu vergegenwärtigen. Eberhard Jung (2008, S. 38) arbeitet in einer Gegenüberstellung die grundsätzlichen strukturellen Besonderheiten der Didaktik politischer Bildung und der Wirtschaftsdidaktik heraus. Demnach konzentriert sich Ökonomische Bildung fachlich auf das Wirtschaftssystem, die Wirtschaftsordnung bzw. auf die Wirtschaftsverfassung, während Politische Bildung ihren Ordnungsrahmen hauptsächlich im politischen System und in den Verfassungen des Bundes und der Länder findet.

Grob gesagt geht es bei der wirtschaftlichen Bildung um Handlungskompetenzen in ökonomisch geprägten Situationen und Rollen, bei der politischen Bildung um die Handlungsfähigkeit in Demokratie und öffentlichem Leben. Allerdings ergeben sich zahlreiche Deckungsbereiche, die sowohl für eine wirtschaftliche als auch eine politische Bildung von Bedeutung sind. Zu nennen sind die internationalen Verflechtungen von Staaten, Märkten und Unternehmungen, die Ausprägung von Wirtschaftsordnungen oder die Probleme von Staats- oder Marktversagen bei der Befriedigung verschiedener Bedürfnisse. Auch die politischen Aktivitäten des Staates z.B. in Richtung Beschäftigungs-, Verbraucher-, Industrie-, Fiskal-, Umwelt- oder der Außenhandelspolitik sowie die jeweils zugrundeliegenden wirtschaftspolitischen Konzepte sind von beiderseitigem Interesse.

Methodische Umsetzung: Um die Verwobenheit von Politik und Wirtschaft aufzudecken, eignet sich beispielsweise die Arbeit mit Tageszeitungen, die Analyse von Karikaturen oder die Durchführung von Fallstudien.

Aufgaben
1. Erstellen Sie ein Schaubild oder Padlet zu Bedeutung, Zielen und Inhalten einer integrativen wirtschaftlich-politischen Bildung.
2. Untersuchen Sie die Lehrpläne für die Fächer WiBu und WiRe, inwieweit dort auf politische bzw. wirtschaftspolitische Sachverhalte verwiesen wird.
3. Skizzieren an einem ausgewählten Lehrplanbeispiel, wie sich Schülerinnen und Schüler der Verquickung von Politik und Wirtschaft methodisch annähern können.

2.4.5 Berufs- und Studienorientierung

Ausgangssituation und Bedeutung: Die unterschiedlichen, auf den Ausbildungs-, bzw. Arbeitsmarkt wirkenden Faktoren gestalten die Verhältnisse an der Schwelle Schule-Beruf zunehmend komplexer und lassen den Übergang für den einzelnen Jugendlichen weniger planbar werden. Während Schulerfolg und Bildungstitel einerseits zwar eine wichtige Voraussetzung für den Übergang darstellen, bieten sie andererseits keine Garantie für die Erlangung eines Ausbildungs-, Studien- oder Arbeitsplatzes. Unübersichtlich ist auch die Vielzahl an Bildungs-, Ausbildungs- oder Studienoptionen. Die Probleme beim Übergang zeigen sich in der nach wie vor hohen Zahl an Schülerinnen und Schüler, die nicht direkt in Ausbildung oder Studium einmünden. Viele Jugendliche drehen Warteschleifen im so genannten „Übergangssystem". Mit diesem Begriff werden alle schulischen und außerschulischen Maßnahmen zusammengefasst, die Schülerinnen und Schüler ohne Ausbildungsplatz aufnehmen und in dem sie schulische Abschlüsse nachholen, Berufswahlvorstellungen konkretisieren oder ihre Ausgangslage verbessern können.

Auch bei den Schulabgängern mit Hochschulzugangsberechtigung nützen viele Jugendliche Angebote wie das soziale Jahr dafür, sich ihrer beruflichen Interessen zu vergewissern oder die Möglichkeiten, einen bestimmten Studienplatz zu bekommen, zu verbessern. Die hohe Zahl an Ausbildungs- und Studienabbrechern zeugt zusätzlich von der Relevanz, Schülerinnen und Schüler auf ihrem Weg hin zur Ausbildung oder Studienplatzwahl zu begleiten.

Kompetenzen im Kontext der Berufsorientierung: Prozess und Ergebnis der Berufswahlvorbereitung mit dem Ziel der Anbahnung von Berufswahlreife können auch als Berufsorientierung bezeichnet werden. Der gegenwärtig üblichen „Outputorientierung" bei der Formulierung von Bildungszielen folgend, lassen sich die mit der Berufsorientierung angestrebten Übergangskompetenzen von der Schule in Ausbildung, Studium und Beruf ausgehend von verschiedenen Handlungszwängen oder Anforderungen beschreiben (vgl. Köck 2010). Neben der eigentlichen Berufs- oder Studienwahlentscheidung, für die die sogenannte Berufswahlkompetenz erforderlich ist, müssen die Berufswähler beispielsweise einen geeigneten Ausbildungs- oder Studienplatz finden und sich ggf. dafür bewerben. Zudem erfordern verschiedene Berufe bereits beim Eintritt in die Ausbildung oder das Studium bereits spezifische Kompetenzen. Als grundsätzliche Übergangskompetenzen lassen sich daher definieren,

- die Berufswahlkompetenz, als die Fähigkeit, im realistischen Abgleich eigener Fähigkeiten und Fertigkeiten mit sektoralen und strukturellen Gegebenheiten der Arbeitswelt zu einer sinnvollen Wahl des Erstberufs bzw. zu einer beruflichen Option zu kommen (Berufswahlreife),
- die Berufsfindungs- und Bewerbungskompetenz als Fähigkeit, durch Nutzung vielfältiger Beratungs- und Informationsmöglichkeiten, unter Aufrechterhaltung selbst formulierter Ziele geeignete Stellenangebote ausfindig zu machen und unter Realisierung von Selbstvermarktungsfähigkeiten in Auswahl- und Bewerbungsprozessen bestehen zu können,
- und besondere bereichsspezifische und berufsrelevante Kompetenzen, die einerseits Voraussetzung für die berufliche Leistungshöhe, andererseits für die berufliche Zufriedenheit sind.

Methodische Umsetzung: Methodische Formate zur Umsetzung der Berufs- und Studienorientierung können nach ihrer grundsätzlichen Funktion folgendermaßen unterschieden werden (Köck 2018, S. 244f.): Maßnahmen zur Information (z.B. Besuch eines Berufsinformationszentrums), Maßnahmen zur Beratung (z.B. Berufsberatung

durch den Berater der Agentur für Arbeit), Maßnahmen zur Begleitung (z.B. Paten- oder Mentorenprogramme), Maßnahmen zur Diagnose (z.B. Selbsterkundungstests) und Maßnahmen zur Selbsterprobung (z.B. Betriebspraktikum).

Aufgabe
Erstellen Sie für Ihre Schulart ein über mehrere Schuljahre reichendes Be-
rufswahlcurriculum. Skizzieren Sie Ziele und Inhalte und ordnen Sie den
jeweiligen Jahrgangsstufen spezifische Maßnahmen zur Information, Beratung, Begleitung, Diagnose und Selbsterprobung in geeigneter Weise zu.

2.4.6 Wirtschaftsinformatik

Informatik in der Schule - Ausgangssituation: Seit dem ersten Drittel des 20sten Jahrhunderts kann von einem Siegeszug der Informa-
tions- und Kommunikationstechnik gesprochen werden. Die Kultus-
behörden reagierten auf die zunehmende informationstechnische
Transformation von Wirtschaft und Gesellschaft mit einer Einführung der Informatik als Schulfach ab den 1970er Jahren sowie mit der
„informationstechnischen Grundbildung" ab Mitte der 80er Jahre des
letzten Jahrhunderts. Während die Informatik als Schulfach vor allem
in der Sekundarstufe II anzutreffen ist, hat sich die Informationstechnische Grundbildung (ITG) als fachübergreifende Aufgabe auf breite-
rer Front durchsetzen können.
Die unterschiedlichen Forderungen für einen Aufbau von Fähigkeiten
zum Umgang mit und zur Beurteilung von informationstechnischen
Lösungen fanden ihren Niederschlag in dem von der Bund-
Länderkommission für Bildungsplanung und Forschungsförderung
1984 vorgestellten Rahmenkonzept „Informationstechnische Bil-

dung". Dieses zielte bei Verzicht auf Programmiertätigkeiten vorrangig auf die Benutzung von Anwendersystemen und auf eine lebenspraktische Orientierung innerhalb der Technologien ab (vgl. Hubwieser 2007, S. 52). Aufgrund der föderalen Struktur sowie des ausschließlichen Vorschlagscharakters solcher Rahmenkonzepte erfolgte die Umsetzung der Informationstechnischen Grundbildung (ITG) in den einzelnen Bundesländern und Schularten auf unterschiedlichen Wegen: Entweder über eine blockmäßige Einbindung in ein oder mehrere Unterrichtsfächer oder generell als Projekt (Schubert & Schwill 2011, S. 29). Bei diesen eher auf das Bedienwissen ausgelegten Bildungskonzepten mussten freilich die hinter den Anwendungen liegenden informatorischen Prinzipien weitestgehend unberücksichtigt bleiben.

Dass Bildungsintentionen in diesem Bereich oszillieren, erscheint angesichts der komplexen Strukturen von Hard- und Software nicht ungewöhnlich. Und so sind denn auch die übergeordneten Prinzipien oder Ideen für den Informatikunterricht vielgestaltig, wie Humberts (2006, S. 56ff.) Dokumentation verschiedener fachdidaktischer Ansätze seit Ende der 80er Jahre deutlich macht: Soll Informatik einen Beitrag zum Aufschluss der Technik leisten (Engbring 1995, S. 76), „Fähigkeiten zum Umgang mit Informationen" anbahnen (Hubwieser & Broy 1997) oder das Schwergewicht auf die Einsicht in die objektorientierte Programmierung sowie in die Gestaltung und Bewertung von Informatiksystemen gelegt werden (Magenheim u.a. 1999, S. 149)?

Eine gewisse Orientierung innerhalb dieses Fragehorizonts schaffen die von der Gesellschaft für Informatik im Jahr 2008 vorgelegten Grundsätze und Standards für den Informatikunterricht in der Sekundarstufe I sowie die 2016 veröffentlichten Bildungsstandards für die Informatik in der Sekundarstufe II.

Als übergeordnetes Ziel informatischer Bildung in Schulen wird hier eine bestmögliche Vorbereitung von Schülerinnen und Schülern auf ein Leben in einer Informationsgesellschaft genannt.

Im Gegensatz zum Schulfach Informatik ist Wirtschaftsinformatik im allgemeinbildenden Schulbereich wenig verbreitet. Auch der fachdidaktische Diskurs ist im Vergleich zu den anerkannten Themenbereichen wirtschaftlicher Bildung mehr als überschaubar. Während Wirtschaftsinformatik in verschiedenen beruflichen Ausbildungsgängen und Schularten fest verankert ist, findet es sich als Fach an allgemeinbildenden Schulen nur vereinzelt (z.B. in Bayern und Baden-Württemberg). In Bayern wird es am Wirtschafts-und Sozialwissenschaftlichen Gymnasium mit wirtschaftswissenschaftlicher Ausrichtung unterrichtet. Eingeführt wurde es in den Nullerjahren als Ersatz für das Fach Rechnungswesen. Inhaltlich soll die Wirtschaftsinformatik das Fach Wirtschaft und Recht ergänzen und zukünftig an den entsprechenden Gymnasien als Leitfach für die digitale Bildung wirken.

Bedeutung des Faches Wirtschaftsinformatik: Sowohl die digitale Transformation ganzer Branchen und Unternehmen als auch die ökonomischen Verwertungsinteressen, die hinter der Entwicklung digitaler Technologien stehen, sind gute Gründe für eine nähere Bezugnahme der ökonomischen Bildung auf Inhalte der Wirtschaftsinformatik. Schülerinnen und Schüler sind Nutzer von Informations-, Kommunikations-und Netzwerktechnologien und sie werden mit den verschiedensten digitalen Werbeformaten gezielt umworben. Sie kaufen, bezahlen und bewerten über das Internet und sind oft unbewusst in der Rolle des Anbieters, etwa durch die Weitergabe persönlicher Daten (vgl. Schauer & Ulrich 2014, S. 1).

Daten und Informationen über Verhaltensweisen, Bedürfnisse und Einstellungen von Kunden und Marktpartnern spielen für Unternehmen eine große Rolle. Bewegungsdaten, Geo-Daten, Kundenstammdaten oder Transaktionsdaten werden gesammelt, aufbereitet und genutzt, um möglichst passende Angebote unterbreiten zu können (Wagener 2018, S. 128). Zwischen wirtschaftsinformatorischen

Inhalten sowie der Verbraucher- und Medienbildung gibt es daher zahlreiche Berührungspunkte. Daneben können Einblicke und Kenntnisse in der Wirtschaftsinformatik auch zur Orientierung und Selbsterprobung im Rahmen der Studien- und Berufsorientierung beitragen.

Auch dort, wo Wirtschaftsinformatik nicht als Schulfach angeboten wird, können entsprechende Inhalte den Kompetenzerwerb unterstützen, der für mündige Konsumenten, Berufswähler, Arbeitnehmer, Unternehmer und Wirtschaftsbürger wichtig ist.

Ziele und Inhalte: Wirtschaftsinformatik versteht sich als interdisziplinäres Fach zwischen Betriebswirtschaftslehre und Informatik. Ziel der Wirtschaftsinformatik ist die Optimierung von Geschäftsprozessen mithilfe einer Analyse der zugrundeliegenden Informationsflüsse. Als Schulfach liegt der Fokus vor allem auf der Behandlung von Themen, die darauf abzielen, den Schülerinnen und Schülern Verständnis und Problemlösekompetenz hinsichtlich der Entwicklung und Nutzung von Informations- und Kommunikationstechnologien insbesondere im betriebswirtschaftlichen Handlungskontext zu ermöglichen (vgl. Schauer & Ulrich 2014, S. 4).

Im Fachprofil für das Fach Wirtschaftsinformatik an bayerischen Gymnasien werden folgende Ziele ins Visier genommen: Befähigung zur Lösung von Problemen betrieblicher Systeme. Mehrperspektivische Reflexion der Lösungen aus Sicht der Arbeitnehmer, Konsumenten und Unternehmer mit Blick auf rechtliche Vorgaben. Zielgerichteter und verantwortungsvoller Einsatz von Informations- und Kommunikationssystemen, um die Prozesse in Unternehmen in allen betrieblichen Funktionsbereichen (z. B. Produktionswirtschaft, Controlling, Logistik) abzubilden, zu unterstützen und zu verbessern. Aufbau eines Instrumentariums an informationstechnischen Grundfähigkeiten für einen effizienten und strukturierten Umgang mit Daten und Informationen. Berücksichtigung relevanter Anforderungen an Datenschutz und Datensicherheit. Entwicklung zum mündigen Staatsbürger im Rahmen der informationellen Selbstbestimmung. Nach dem derzeit gültigen Kompetenzstrukturmodell sollen im Fach Wirtschaftsinformatik die prozessbezogenen Kompetenzen Analysieren, Verbessern, Anwenden und Reflektieren mittels der Gegenstandsbereiche Wirtschaftsinformatik, Recht, betriebliche Systeme, Betriebswirtschaft und Informatik angebahnt werden. Berücksichtigt werden soll dabei jeweils die Konsumenten-, Arbeitnehmer-, Unternehmer- und Staatsbürgerperspektive.

Methodische Umsetzung: Wie in anderen schulischen Fächern, können im Informatikunterricht unterschiedlichste Ansätze zum Tragen kommen. Die entsprechende fachdidaktische Literatur listet unter anderem folgende methodische Formate auf: Problemorientierter Unterricht, Lernaufgaben, entdeckendes Lernen, Computersimulation, Projektmethode und Modellmethode (Zendler 2018). In den einschlägigen Standardwerken zur Informatik werden besonders dem Projekt bzw. dem projektorientierten Lernen ein gewisser Vorzug eingeräumt (Humbert 2006; Schubert & Schwill 2011).

Das präferierte Ziel des Einsatzes von Methoden ist vor allem das Problemlösen, das zugleich als eigenes methodisches Muster betrachtet wird. Von Informatiklehrern werden dem problemorientierten Unterricht positive Effekte für verschiedene Phasen und Stadien des Lernens und des Wissenserwerbs zugebilligt (Zendler & Klaudt 2018). Problemlösen wird dabei als Prozess verstanden, „[…] der dazu führt, dass eine vormals von Menschen/Organisationen durchgeführte Tätigkeit auf einem [halb-]automatischen Ablauf umgestellt wird" (Humbert 2006, S. 76). Für die Lösung informatorischer Probleme schlägt Hubwieser (2006, S. 71f.) folgende Phasen vor: (1) Problembegegnung evtl. durch Lehrer- oder Schülervortrag bzw. Unterrichtsgespräch eingeleitet. (2) Informelle Problembeschreibung. Ausführliche verbale oder graphische Beschreibung des Problems durch die

Schüler. (3) Formale Modellierung über Techniken zur Strukturierung. (4) Implementierung und Realisierung beispielsweise mit Textverarbeitung, Datenbanksystemen, Tabellenkalkulationsprogrammen oder makroprogrammierbarer Software. (5) Bewertung.

Aufgaben
1. Untersuchen Sie den Lehrplan für das Fach Wirtschaftsinformatik, inwiefern sich Ziele und Themen für die Umsetzung folgender methodischer Ansätze eignen: Entdeckendes Lernen, problemorientierte Aufgaben, Einsatz von Computersimulationen, Projekt- und Modellmethode.
2. Suchen Sie im Internet nach Tools und Apps wie zum Beispiel Online-Html-Editoren und überlegen Sie, wie Sie diese im Fach Wirtschaftsinformatik einsetzen können.

Anregungen für wissenschaftliches Arbeiten
1. Recherchieren Sie im Internet zu P-Seminaren mit Bezug zur Wirtschafts-informatik. Welche Institutionen und Kooperationspartner unterstützen eine Zusammenarbeit mit Schulen? Welche Probleme und Themen stehen im Mittelpunkt der Arbeiten? Welche Anwendungen werden entwickelt, welche Werkzeuge eingesetzt? Stellen Sie Ihre Ergebnisse übersichtlich zusammen und arbeiten Sie den Bildungsbezug aus fachdidaktischer Sicht heraus.
2. Informieren Sie sich über aktuelle digitale Probleme und Lösungen aus den Bereichen Einkauf, Marketing, Vertrieb, Controlling oder Personal und konzipieren Sie kleine darauf bezogene Projekte für den Wirtschaftsinformatikunterricht.

2.5 Das Problem der Wertorientierung

Ein problematischer Bereich der ökonomischen Erziehung insgesamt und damit auch der Verbrauchererziehung ist die Auseinandersetzung mit Entscheidungen unter Berücksichtigung verschiedener normativer Positionen. Wirtschaftlichkeit, Sparsamkeit, Nachhaltigkeit sind zwar fest im ökonomischen Begriffsrepertoire verankert, ihre Berücksichtigung in konkreten Lebenssituationen ist jedoch abhängig von subjektiven Entscheidungen. Die Thematisierung solcher Werte im Unterricht kann somit schnell den Charakter einer tendenziösen Beeinflussung annehmen, die allein auf der Ebene einfach fassbarer Attribute wie „gut" oder „schlecht", „sinnvoll" oder „sinnlos" verbleibt.

Welchen Weg muss eine ökonomische Erziehung hier einschlagen? Zunächst kann man sich natürlich auf die Position zurückziehen, dass Wertentscheidungen jeder für sich treffen muss und zwar auf der Grundlage möglichst umfassender Kenntnisse und Alternativen. Das Wissen um die Bedingungen und um die Folgen einer ökonomischen Handlung allein stellt jedoch nur einen – wenn auch wichtigen – Ansatz zur Lösung des Problems dar.

Glaubt man dem Wirtschaftswissenschaftler Sedláček Tomáš (2012, S. 91), hat auch die Ökonomie die Bedeutung von Moral und Vertrauen neu entdeckt. „[…] *sie misst wieder die Qualität der Institutionen, den Grad der Gerechtigkeit, die Unternehmensethik, die Korruption usw. und untersucht ihren Einfluss auf die Wirtschaft, speziell auf deren Wachstum.*" Wenn also die Ökonomik normativen Wertdiskussionen neuen Raum gibt, wäre es nur konsequent, wenn auch die ökonomische Erziehung hier ein stärkeres Profil entwickelt. Ein tieferer didaktischer Diskurs hierüber steht jedoch noch aus.

3. Fachdidaktisch relevante (ökonomische) Theorien

Angestrebte Kompetenzen
- Relevante fachwissenschaftliche Modelle und Theorien erläutern
- Erklärungswert der Theorien und Modelle für die Unterrichtsplanung und –gestaltung erläutern
- Bedeutung der Theorien und Modelle für die Elementarisierung, Reduzierung und Abstraktion wirtschaftlicher Sachverhalte im Fachunterricht darstellen

Vorbemerkungen: In fachdidaktischer Hinsicht relevante Theorien beziehen sich in der Regel auf Bildungs-, Lehr- und Lernprozesse, Diagnostik oder Curriculumentwicklung. Im Fokus dieses Abschnittes stehen dagegen diejenigen fachwissenschaftlichen Theorien, die Eingang in die fachdidaktische Literatur oder aktuelle Lehrpläne gefunden haben.

In Zusammenhang mit wirtschaftsdidaktischen Überlegungen sind Theorien zu ökonomischen Sachverhalten in mehrfacher Hinsicht von Bedeutung. Zunächst bilden Theorien – wie Karl Popper 1934 in seinem Werk „Logik der Forschung" ausführt – den Ausgangspunkt und das Ergebnis für wissenschaftliche Untersuchungen, also auch für fachdidaktische Forschung. Folgt man einem wissenschaftsorientierten Paradigma, lassen sich Ziele und Inhalte im Rahmen der Curriculumentwicklung anhand einschlägiger Modelle und Theorien auswählen und legitimieren. Für das forschende bzw. wissenschaftspropädeutische Lernen liefern sie zudem das methodische und inhaltliche Rüstzeug zur Bearbeitung fachaffiner Frage- oder Problemstellungen. Im Zuge der instruktiven Vermittlung von Inhalten fungieren

Theorien und Modelle als Werkzeuge der Elementarisierung und Reduktion und können für den didaktischen Transformationsprozess komplexer Zusammenhänge nutzbar gemacht werden. Letztlich stellen wissenschaftliche Theorien und Modelle auch den epistemischen Kern ökonomischer Kompetenzen dar: Reflektiertes Handeln basiert auf einem Verständnis von tieferen Zusammenhängen. Dies setzt im ökonomischen Bereich beispielsweise das Denken in Kategorien, in Verhaltenstheorien, in Kreislauf- oder ordnungspolitischen Abhängigkeiten voraus (vgl. Kruber 1995, S.99; Kruber 2006). Nach dem so genannten Schwellenkonzeptansatz sind es gerade die ökonomischen, auf wirtschaftswissenschaftlichen Theorien bauende Denk- und Herangehensweisen, die Novizen von Experten unterscheiden (Sender 2017). Unter Schwellenkonzepten (eng. *threshold concept*) werden fachspezifische Konzepte verstanden, bei deren Aneignung die „Schwelle" hin zum Expertendenken und -handeln übertreten wird (Meyer& Land 2003).

Damit Modelle und Theorien ihre Bildungswirkung entfalten können, muss sie der Schüler freilich erst auf seine Lebens- und Erfahrungswelt transferieren. Dass mit der Deutung der abstrakten Modelle per se noch kein Lebensweltbezug garantiert ist, zudem kulturelle, politische oder andere Wirkfaktoren des Modellkontextes nur unzureichend thematisiert werden, sind Kritikpunkte, die die Forderungen nach Integration wissenschaftlicher Theorien und Modelle in Schule und Unterricht begleiten (vgl. Engartner 2018, S. 31f.).

Aus der Vielfalt wissenschaftlicher Erkenntnisse der Ökonomik[4], haben sich folgende Modelle und Theorien als wertvoll für fachdidaktische Belange erwiesen: Systemtheorie, Kreislauftheorie, Markt- und Preistheorie, Haushaltstheorie, Institutionenökonomik, Investitions-

---

[4] Ökonomie meint das tatsächliche Wirtschaften real existierender Akteure, Ökonomik ist die wissenschaftliche bzw. theoretische Art und Weise der Auseinandersetzung mit dem Wirtschaften des Menschen.

theorie, Interaktionstheorie sowie Handlungs- und Verhaltenstheorien wie die Entscheidungstheorie. Einige dieser Theorien werden nun etwas genauer betrachtet.

3.1 Systemtheorie

Wissenschaftliche Bedeutung: Die Theorie von den Systemen (Systemtheorie) kann als interdisziplinäres Erkenntnismodell bezeichnet werden, mit dem komplexe Phänomene oder komplexe Artefakte beschrieben und erklärt werden sollen. Unter einem System versteht man eine Menge von Elementen (Teilsystemen), die in einem Wirkzusammenhang stehen, eine gemeinsame Funktion erfüllen, sich gegenseitig beeinflussen und als Ganzes in Interaktion mit der umgebenden Umwelt stehen.

Da Menschen häufig in einfachen Ursache-Wirkungszusammenhängen denken, bleiben Analysen zuweilen defizitär (Arndt 2020, S. 250f.). Eine Gliederung komplexer Sachverhalte in Teilsysteme, die Analyse ihrer Funktionen und ihres Zusammenwirkens zielt darauf ab, Verhalten und Vorgänge besser zu verstehen und ggf. auch vorherzusagen. In der Regel lässt sich die Funktionsweise eines Systems in Form eines Regelkreisschemas beschreiben, bei dem folgende Begrifflichkeiten Verwendung finden:

- System: Menge von Elementen (Objekten oder Teilsystemen)
- Element: Abgrenzbare Einheit eines Systems, das durch Attribute beschreibbar ist.
- Relation (Beziehung): Verknüpfung der Elemente über die Relationsausprägung. Kopplung der Elemente eines Systems oder Subsystems für die Funktionserfüllung.

- Subsystem: Menge an Elementen mit enger Relation zueinander.
- Regelkreis: Rückkoppelungssystem, bei dem Soll-Ist-Abweichungen korrigiert werden.

Didaktischer Nutzen: Generell soll eine systemische Betrachtung von Prozessen und Sachverhalten die Erkenntnisgewinnung befördern. Die Betrachtung einzelner Systeme steht dabei zunächst im Dienst der Reduktion, denn das Setzen von Systemgrenzen fokussiert bestimmte Sachverhalte und lässt andere unberücksichtigt. Außerdem kann eine Visualisierung komplexer Systeme, etwa durch Zeitgraphen, Wirkungs- oder Flussdiagramme das Verständnis des Systems unterstützen (Arndt 2020, S. 259).

Für den ökonomischen Unterricht ist vor allem die Systemanalyse relevant, also die Unterteilung komplexer ökonomischer Zusammenhänge in Teilsysteme mit jeweils gesonderter Durchdringung. Ein Beispiel hierfür ist die Aufteilung eines Unternehmens in die Bereiche Beschaffung, Produktion und Absatz. Auch der Wirtschaftskreislauf kann als System betrachtet werden. Die Analyse der Systemelemente genauso wie die Analyse miteinander in Verbindung stehender Systeme kann dabei helfen, Kausalbeziehungen aufzudecken, Vernetzungen zu verdeutlichen oder Regelkreisstrukturen zu verstehen. Neben der Erklärungsfunktion etwa bei der Analyse eines Betriebs oder volkswirtschaftlicher Systemzusammenhänge können durch die Beschäftigung mit Systemen Systemdenken und Systemverständnis der Schülerinnen und Schüler angeregt werden. Dazu bedarf es sowohl einer schrittweisen Erschließung des Systems als auch einem Transfer der Systembeziehungen und -wirkungen auf verschiedene Ereignisse.

Aufgaben

1. Mit welchen Systemen sollten sich Schülerinnen und Schüler aus wirtschaftsdidaktischer Sicht auseinandersetzen? Begründen Sie Ihre Entscheidung mit Zielvorstellungen ökonomischer Bildung (z.B. Bildungsstandards der DeGöB).

2. Informieren Sie sich: Worin unterscheiden sich Kausalketten-, Regelkreis- und Netzwerksysteme voneinander?

3. Finden Sie ein Beispiel für den dargestellten Regelkreis:

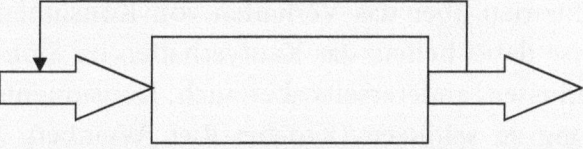

4. Beschreiben Sie einen selbst gewählten Betrieb anhand der Systemtheorie. Definieren Sie Elemente, Teilsysteme bzw. Subsysteme, Relationen und Funktionen. Zeigen Sie anhand des Systems Betrieb auf, wie sich Veränderungen am Beschaffungs- bzw. Absatzmarkt auf das System Betrieb auswirken.

5. Mit welchen methodischen und medialen Möglichkeiten lässt sich systemisches Denken anregen bzw. unterstützen?

3.2 Handlungstheorien

Wissenschaftliche Bedeutung: Handlungen gelten in der Wissenschaft gemeinhin als zielgerichtete, absichtsvolle Tätigkeiten. Handlungstheorien bieten Erklärungsansätze über die Voraussetzungen, Modalitäten und Folgen menschlichen Tuns. Sinn und Zweck der Handlungs- oder Verhaltenstheorien in der Ökonomik ist es, Erklärungsmodelle für das Durchschnittshandeln von Individuen oder Organisationen vorzustellen. Entsprechende Theorien beschäftigen sich beispielsweise mit der Frage, wie Individuen ihren Nutzen maximieren und welche Motive, Interessen und Mittel zur Erreichung ihrer Ziele wirksam werden. Der Fokus der Handlungstheorie liegt auf jenen Kräften, die Interaktionen möglich machen, sie am Laufen halten sowie auf dem Streben aller Individuen nach persönlicher Besserstellung unter gegebenen Bedingungen (Homann & Suchanek 2005, S. 22). Theoretische Handlungsansätze lassen sich für verschiedene Zwecke nutzen, etwa um Anhaltspunkte zu erhalten, wie individuelles Verhalten durch Anreize oder Sanktionen beeinflusst werden kann. Theorien über das Verhalten von Konsumenten können beispielsweise dabei helfen, das Kaufverhalten im Sinne des Marketings zu beeinflussen, andererseits aber auch, Konsumenten besser vor Beeinflussung zu schützen (Kroeber-Riel, Weinberg & Gröppel-Klein 2009, S. 5).

Ein grundlegendes Modell der ökonomischen Handlungstheorie ist das des „homo oeconomicus". Unterstellt wird hier ein rational handelnder, allein auf Nutzenmaximierung abzielender Akteur. Nach diesem Ansatz entscheiden Menschen zwar selbst über ihre Handlungen, sind jedoch dabei in einem Kokon äußerer Restriktionen gefangen, der durch den Markt, durch Institutionen und Regelsysteme vorgegeben ist. Beim Modell des homo oeconomicus handelt es sich um ein Idealmodell, dass eher dazu dient, reales Verhalten vor dem Hintergrund eines Maßstabs zu reflektieren. Will man dem Verhalten von Menschen in der Realität näherkommen, kommt man um die Berücksichtigung human- und sozialwissenschaftlicher Erkenntnisse nicht herum.

Didaktischer Nutzen: Zu den Zielen ökonomischer Bildung zählt die Handlungs- und Entscheidungsfähigkeit in wirtschaftlich geprägten Lebenssituationen. Eine Voraussetzung dafür ist die Reflexion wirtschaftlicher Handlungs- und Verhaltenszusammenhänge. Ausgangspunkt für ökonomisches Handeln sind die jeweils wirkenden Interessen- und Bedürfnislagen. Um diese zu realisieren, ist der Einsatz unterschiedlicher Mittel erforderlich. Dabei kann es sich um Geld, Arbeit, Güter oder Wissen handeln (vgl. Maurer & Mikl-Horke 2015, S. 31f.). Die Analyse von Handlungen einzelner Menschen, Gemeinschaften oder auch Organisationen bietet Anhaltspunkte oder Orientierungsmaßstäbe für das eigene Handeln und Entscheiden.

Ein Ansatz, um ökonomisch relevante Entscheidungen zu analysieren bieten beispielsweise Opportunitätskostenbetrachtungen. Jede Handlung im wirtschaftlichen Sinn verursacht Kosten. Diese müssen nicht allein monetärer Art sein, sondern können auch eine physische, psychische oder soziale Dimension aufweisen. Der Rückbezug wirtschaftlicher Handlungen auf Aspekte wie Kosten, Nutzen oder Mitteleinsatz kann mit dazu beitragen, kollektive Phänomene bzw. das generelle Handeln von Personen in wirtschaftlichen Situationen (z.B. Konsumenten) nachzuvollziehen.

Aufgabe
Verhalten und Handlungen von Verbrauchern unterliegen verschiedenen Einflüssen, die sich in psychologische und umweltbezogene Determinanten sowie in verbraucherpolitische Vorgaben unterteilen lassen. Ergänzen Sie das dargestellte Schaubild um entsprechende Faktoren und diskutieren Sie den Einfluss der Faktoren auf unterschiedliche Personengruppen bzw. in unterschiedlichen Lebensabschnittsphasen (z.B. Kinder, Jugendliche, junge Erwachsene, Frauen und Männer).

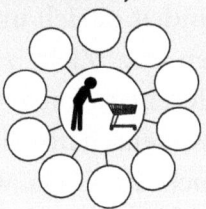

3.3 Entscheidungstheorien

Wissenschaftliche Bedeutung: Die Voraussetzung für wirtschaftliches Handeln bilden Entscheidungen. Das wirtschaftliche Geschehen, egal ob in einer Volkswirtschaft, in einem Betrieb oder in einem Haushalt, wird von Entscheidungssituationen geprägt, in denen entweder einzelne Menschen oder Gruppen von Menschen wirken. Entscheidungen zu treffen bedeutet, Alternativen abzuwägen oder Zielkonflikte zu lösen (Mankiv 2004). Die wissenschaftliche Auseinandersetzung mit menschlichen Entscheidungen erfolgt in verschiedenen Disziplinen. Ziel dabei ist es, entweder zu erklären, wie Entscheidungen zustande kommen (deskriptive Entscheidungstheorien) oder Aussagen zu ermöglichen, wie Menschen „vernünftige Entscheidungen" treffen können (präskriptive Entscheidungstheorien).
Eine Grundlage für jede wissenschaftliche Auseinandersetzung ist zunächst die Analyse der Entscheidungssituation selbst. Sie kann beispielsweise in Bezug auf die Ziele untersucht werden (vgl. Domschke & Scholl 2008, S. 49ff.). Handelt es sich um ein Ziel oder mehrere? In welchem Verhältnis stehen die Ziele zueinander (komplementär, konkurrierend oder indifferent)? Auch wie Entscheidungsprozesse ablaufen, ist Gegenstand wissenschaftlicher Betrachtungen. Von besonderem Interesse ist jedoch die Frage, wie man am ehesten zu vernünftigen Entscheidungen kommt. Präskriptive Ansätze zur Entscheidungsfindung spielen beispielsweise in der Betriebswirtschafts-

lehre eine wichtige Rolle: Je nach den Entscheidungsbedingungen sowie den absehbaren oder unsicheren Konsequenzen lassen sich folgende Entscheidungssituationen unterscheiden: Entscheidungssituation bei Sicherheit des auftretenden Umweltzustandes, Entscheidungssituation bei bekannten Eintrittswahrscheinlichkeiten aber Ungewissheit über den real auftretenden Umweltzustand (Entscheidungensituation bei Risiko) und Entscheidungssituation bei Unsicherheit. Hier sind zwar die möglicherweise resultierenden Umweltzustände bekannt, aber nicht deren Eintrittswahrscheinlichkeit (Balderjahn & Specht 2011, S. 43ff.).

Didaktischer Nutzen: Die analytische Durchdringung ökonomisch geprägter Entscheidungssituationen zählt mit zu den Kerninhalten ökonomischer Bildung. Da menschliche Entscheidungen in den unterschiedlichsten Situationen getroffen werden, ist es schwer, ein allgemeingültiges und einheitliches „Entscheidungsmodell" zu definieren. Dies wird auch daran deutlich, dass im Alltag einerseits viele Entscheidungen routiniert durchgeführt werden, andere dagegen mit hohem kognitiven Aufwand verbunden sind. Auch ökonomische Entscheidungen fallen immer in einer speziellen Entscheidungssituation, aus der dann beispielsweise für den Verbraucher ein jeweils spezifischer Aufwand für die Entscheidungsfindung resultiert.

Ziel ökonomischer Bildung muss es sein, dass Entscheidungen möglichst reflektiert und rational ablaufen, also Alternativen in Erwägung gezogen werden und unter Effektivitäts- und Effizienzgesichtspunkten gegeneinander abgewogen werden. Dazu bedarf es eines Musters, das sich an folgenden Schritten orientieren sollte: Kontext der Entscheidungssituation vergegenwärtigen, Probleme analysieren, Ziele setzen, geeignete Strategien zur Entscheidungsfindung vergleichen, auswählen und anwenden und Ergebnisse der Entscheidung bewerten.

Eine Strategie zur Entscheidungsfindung ist beispielsweise der Einsatz einer Entscheidungsmatrix, bei der Ziele oder Merkmale der Entscheidungssituation in Spalten und Handlungsalternativen in Zeilen angeordnet werden. Mittels einer festgesetzten Bandbreite an Punkten können dann die Alternativen dahingehend bewertet werden, wie genau sie den Zielen oder Merkmalen entsprechen.

Haushalt als Entscheidungsfeld: Zu den „Mitspielern" in einer Volkswirtschaft zählen die privaten Haushalte (vor allem als Stätten des Verbrauchs), die Unternehmungen (vor allem als Stätten der Produktion) sowie der Staat. Private Haushalte und Unternehmen werden auch als Wirtschaftseinheiten bezeichnet. Haushalte lassen sich als sozio-ökonomische Einheiten definieren, die dadurch gekennzeichnet sind, dass in ihnen Menschen allein oder mit anderen wohnen und haushalten. Grundlegend für den privaten Haushalt ist zudem die Verflechtung mit anderen sozialen oder ökonomischen Systemen. Die hauptsächlichen Aufgaben der Haushalte liegen in der Sicherung des Lebensunterhaltes der im Haushalt wohnenden Personen und in der Bewältigung der Lebensgestaltung. Dafür sind eine Fülle wirtschaftlich orientierter Entscheidungen zu treffen und hinsichtlich des Einsatzes personal-sozialer und ökonomischer Ressourcen zur reflektieren. Zu den ökonomischen Ressourcen lassen sich Lohn, Gehalt, Transfereinkommen wie Kinder- oder Arbeitslosengeld sowie andere Geldzuwendungen zählen. Zu den personal-sozialen Ressourcen werden individuelle Qualifikationen ebenso wie soziale Potenziale, die sich aus der Familie, der sozialen Gruppe oder verschiedenen Netzwerken ableiten lassen, gerechnet (Richarz 1997, S. 166).
Entscheidungssituationen des Haushalts, die sich auf den Einsatz ökonomischer Ressourcen beziehen sind beispielsweise, welche Güter und Dienstleistungen am Markt nachgefragt werden sollen, in welchem Umfang und in welcher Form Geld angelegt werden soll

und wie das vorhandene Arbeitskräftepotential am Arbeitsmarkt angeboten oder im Haushalt eingesetzt werden soll. Diese im Haushalt anfallenden Entscheidungen ebenso wie notwendige Tätigkeiten (Nahrungszubereitung, Reinigung, Erziehungs- und Pflegeaufgaben) dienen im wirtschaftlich geprägten Unterricht als didaktischer Bezugspunkt für Ziele, Inhalte und Methoden.

Der besondere didaktische Wert des Haushalts als Bezugsgröße für wirtschaftlich geprägten Unterricht liegt in der Unmittelbarkeit der dort zu erwerbenden Erfahrungen, der Überschaubarkeit seiner Funktion als sozio-ökonomische Einheit und der Möglichkeit, ökonomische Handlungen und Entscheidungen auf andere Systeme zu übertragen.

Aufgaben

1. Zeigen Sie an verschiedenen Beispielen auf, warum wirtschaftliche Entscheidungen und Handlungen im Haushalt auch auf Rollen als Arbeitnehmer, Arbeitgeber oder Wirtschaftsbürger vorbereiten.

2. Überlegen Sie, wie sich Schülerinnen und Schüler Entscheidungskompetenzen am besten aneignen können.

3. Informieren Sie sich über die Gestaltung einer Entscheidungsmatrix und erstellen Sie eine solche für ein selbst gewähltes Entscheidungsproblem aus folgenden Bereichen: Entscheidungen bei der Gründung eines Unternehmens, Konsumentscheidung, Entscheidung für eine Geldanlage. Verwenden Sie für die Erstellung der Matrix eine geeignete App aus dem Internet.

3.3 Interaktionstheorien

Wissenschaftliche Bedeutung: Interaktionstheorien im wirtschaftswissenschaftlichen Kontext gehen der Frage nach, wie die Zusammenarbeit zwischen mindestens zwei Akteuren zum gegenseitigen Vorteil möglich ist. Bei den Beteiligten kann es sich um einzelne Personen (z.B. Verkäufer und Käufer) oder auch um mehrere Personen handeln, die gemeinsam ihre Geschäftsbeziehungen gestalten. Ansatzpunkt für eine Analyse der Interaktionen ist der jeweilige Handlungszusammenhang. Von Bedeutung sind in diesem Zusammenhang beispielsweise die Einstellungen und Rollenerwartungen der Akteure sowie die Machtverhältnisse oder Kommunikationsformen zwischen ihnen. Die soziale Situation birgt bisweilen Probleme. Sie können als Handlungsrahmen wirken und zu Ergebnissen führen, die sich nur aus dem konkreten Zusammenwirken unterschiedlicher Personen erklären lassen. Probleme lassen sich etwa an Fragen der Glaubwürdigkeit vertraglicher Zusicherungen, an Durchsetzungsproblemen angesichts von Verhaltensunsicherheiten oder an wechselseitigen Abhängigkeiten und konfligierenden Strategien mit interdependenten Resultaten festmachen (Homann & Suchanek 2005, S. 20).

Didaktischer Nutzen: Ein typischer Anwendungsfall für Interaktionstheorien ist die Deutung der Beziehung zwischen Käufer und Verkäufer. Die Kenntnis verschiedener, die Verkaufssituation beeinflussender Interaktionsparameter wie Kleidung, verbale oder non-verbale Kommunikation kann dem Ziel der „Konsumentensouveränität" zuarbeiten. Denn auf Verkaufsseite können verschiedene Sozialtechniken zur Beeinflussung des Käufers eingesetzt werden. Ein Beispiel dafür ist, dass der Verkäufer zweiseitig argumentiert, also nicht ausschließlich auf die Vorteile des Produkts verweist und somit glaubwürdiger erscheint. Der Käufer lässt sich ferner durch Komplimente aktivieren und fühlt sich ggf. belohnt. Der Hinweis auf die jeweilige soziale Bezugsgruppe, in der das Produkt verbreitet ist, stellt eine weitere Möglichkeit der Beeinflussung dar (Kroeber-Riel, Weinberg & Gröppel-Klein 2009, S. 568f.).

Aufgabe
Entwickeln Sie Rollenkarten für ein Rollenspiel von Schülerinnen und Schülern zu typischen Verkaufssituationen. Die Rollenkarten für die Verkäufer sollten Hinweise auf Verkaufstechniken enthalten, also zum Beispiel wie man beim Kunden Aufmerksamkeit auslöst, den Kontakt herstellt, die Motive des Kunden herausfindet oder verstärkt sowie das Produkt mit den Motiven in Verbindung bringt. Die Rollenkarten für die potenziellen Käufer sollten u.a. Impulse und Fragen zu Qualität, Preis-Leistungs-Verhältnis oder Service im Zusammenhang mit dem Produkt enthalten.

3.4 Institutionentheorie

Wissenschaftliche Bedeutung: Während die Interaktionstheorie den Fokus auf die soziale Dimension ökonomischer Geschehnisse legt, fokussiert die Institutionentheorie eher den formalen Rahmen.
Wirtschaftliches Handeln manifestiert sich nach diesem Ansatz innerhalb eines gesellschaftlich definierten und akzeptierten Rahmens. Dieser wird durch Institutionen abgesteckt. Dazu zählen Regelsysteme wie Eigentumsrechte, Gesetze, Verfassungen oder kulturelle Normen. Sie dienen in einer zunehmend unübersichtlichen Welt u.a. der Reduktion von Unsicherheit im wirtschaftlich-politischen Gefüge. In der Macht der Institutionen liegt es außerdem zu entscheiden, welche Resultate sich aus Interaktionen – als Kooperation der Handlun-

gen einzelner Akteure – ergeben. Die Institutionen kanalisieren Aktionen in Interaktionen (Homann & Suchanek 2005, S. 22).

Basierend auf dieser Erkenntnis und ausgehend von der ökonomischen Verhaltenstheorie hat sich in den Wirtschaftswissenschaften die neue Institutionenökonomik entwickelt. Aus Sicht der Institutionenökonomik resultieren die zentralen Herausforderungen moderner Gesellschaften aus Interaktions- und Kooperationsproblemen, die institutionell vorgegeben sind. Aktuelle Probleme wie Umweltverschmutzung, Steuerbetrug oder Schattenwirtschaft lassen sich demnach als Versagen von institutionell vorgegebenen Handlungsbedingungen erklären (Kruber 2006, S. 195). Institutionentheoretische Ansätze innerhalb der Ökonomik wie die Prinzipal-Agent-Theorie, die Transaktionskostenökonomik oder die Theorie der Verfügungsrechte beschäftigen sich daher mit der Frage, welchen Beitrag Institutionen- und Regelsysteme leisten können, um Handlungen von Individuen in gewinnbringende und nützliche Interaktionen lenken zu können. Im Blickpunkt steht außerdem die Frage, wie Institutionen gestaltet werden müssen, damit Akteure unter Prämisse der Arbeitsteilung so interagieren, dass aus dieser Zusammenarbeit Gewinne für alle Beteiligten erwirtschaftet werden können. Generell geht es also darum, wie erwünschte Interaktionen ermöglicht und unerwünschte vermieden werden können.

Didaktischer Nutzen: Der didaktische Nutzen institutionentheoretischer Ansätze liegt im Aufschluss darüber, was Regelsysteme leisten können, um die Handlungen der einzelnen Akteure sowie deren Interaktionen zu steuern damit geeignete Rahmenbedingungen für wirtschaftliches Handeln geschaffen werden. Aspekte, die dabei eine Rolle spielen sind etwa die Konfliktvorbeugung und –lösung, die Reduzierung von Unsicherheiten, die Berechenbarkeit oder die Garantie individueller Freiheiten (Deutsches Aktieninstitut 2008, S. 29ff.; Suchanek 2001, S. 50ff.). Die Beschäftigung mit Institutionen ermöglicht eine

Orientierung über die Funktionsbedingungen der Gesellschaft, trägt zur Akzeptanz kollektiv geltender Spielregeln bei, birgt Anhaltspunkte für ethische Fragestellungen und verweist auf die Notwendigkeit der Weiterentwicklung der sozialen Ordnung (Karpe 2008, S. 175f.)

Aufgabe
Regeln bestimmen das Zusammenleben der Menschen und sind damit auch essentiell für ökonomische Entscheidungen und Handlungen. Erstellen Sie eine Übersicht über Institutionen, die es beim Einkauf, beim Konsum, bei der Berufsausübung und bei der Geldanlage zu beachten gilt und erklären Sie den Nutzen dieser Regelsysteme für die jeweils Beteiligten.

3.5 Dilemmastrukturen

Wissenschaftliche Bedeutung: Die Interessen der am wirtschaftlichen System beteiligten Individuen oder auch Institutionen gehen nicht immer in die gleiche Richtung, ja können sogar diametral auseinanderfallen. Situationen, in denen Interessenkonflikte die freiwillige Kooperation zur Realisierung gemeinsamer Interessen verhindern, können als Dilemmastrukturen bezeichnet werden (Deutsches Aktieninstitut 2008, S. 29f.). Um eine typische Dilemmasituation handelt es sich etwa, wenn individuelle Interessen mit kollektiven Interessen divergieren, wie dies oft bei Entscheidungen für umweltverträgliches Verhalten der Fall ist. Aus individueller Perspektive ist dann ein kooperatives, nämlich der Allgemeinheit nützlicheres Verhalten, mit höheren Kosten oder Mühen verbunden als ein eigennutzorientiertes Verhalten. Es existieren demnach Strukturen, die ein solches Dilemma begünstigen. Nach institutionenökonomischer Sichtweise lassen sich Dilemma am besten durch geeignete Anreiz- und Regelsysteme lösen und weniger durch moralische Appelle (Karpe 2008, S. 89).

Didaktischer Nutzen: Die Untersuchung von Dilemmasituationen und –strukturen kann für die Umsetzung der Ziele ökonomischer Bildung sehr ergiebig sein. Dadurch wird einerseits der Nutzen von Einrichtungen, Regelsystemen und Normen reflektiert und andererseits ein Verständnis für die Notwendigkeit der Weiterentwicklung bzw. Anpassung von Institutionen aufgebaut. Ausgangspunkt für die Analyse eines Dilemmas ist die Identifikation der jeweiligen Interessen der Akteure und die Suche nach den Bedingungen und Strategien *„unter denen bzw. durch die sie ihre Interessen geltend zu machen versuchen und durch die sie in diese sozialen Konflikte geraten"* (Homann & Suchanek 2005, S. 362). Ein Resultat dieser Analyse liegt in der Erkenntnis, dass jede soziale Interaktion grundsätzlich durch wechselseitige Abhängigkeit der Handlungen geprägt ist, generell parallel wirkende konfligierende Interessen vorliegen können und kein Akteur allein die vollständige Kontrolle über das von ihm gewünschte Ergebnis besitzt. Die Folgerung daraus ist, dass eine gegenseitige Zusammenarbeit zum Nutzen aller ist. Dabei müssen nicht die Gesinnungen der Akteure, sondern vor allem die Bedingungen der Situation verändert werden. Lösungen bieten hier Anreizsysteme und die Beseitigung von Informationsdefiziten (Suchanek 2001, S. 43ff.).

Aufgaben
1. Analysieren Sie folgende Situationen in Bezug auf Interessen und ökonomische Anreizsysteme:
   - Eine Arbeitsstelle in der Stadt - Pendler oder Städter
   - Bauern vor der Entscheidung - Bio oder konventionelle Landwirtschaft

2. Welche Themen aus dem Lehrplan enthalten das Potenzial für eine Auseinandersetzung mit Dilemmastrukturen und innerhalb welcher Methoden lassen sich entsprechende Themen am ehesten bearbeiten?

3.6 Theorie der Modelle

Bedeutung und Merkmale: Unter einem Modell versteht man ganz allgemein eine Abbildung oder Repräsentation eines für wichtig gehaltenen Wirklichkeitsbereichs. Modelle finden in Wissenschaft und Unterricht Verwendung. Der Nutzen von Modellen ist vielfältig: An Universitäten sind sie Ausgangspunkt oder Ergebnis von Forschungen, außerdem – wie in der Schule – ein bedeutendes Element der Erkenntnisgewinnung (Stachowiak 1980, S. 57). Modelle weisen im Allgemeinen verschiedene Merkmale auf. Ein erstes Charakteristikum bezieht sich auf die eigentliche Funktion. Sie liegt in der Reduktion eines komplexen Sachverhaltes. Ein Modell erfasst daher nie alle Attribute oder Elemente des Originals, sondern nur diejenigen, die dem Modellschaffer bzw. Modellnutzer relevant erscheinen. Die bewusste Vernachlässigung bestimmter Merkmale führt dabei auch zur Abstraktion. Der Bezug zur Realität bringt es mit sich, dass Modelle stets ein Abbild von etwas sind, also eine Repräsentation natürlicher oder auch künstlicher Originale. Man spricht in diesem Zusammenhang auch von einem Bezugssystem. Reduktion und Repräsentation können ferner dazu führen, dass bestimmte Elemente oder Attribute akzentuiert werden, möglicherweise dadurch aber auch nur *eine* bestimmte Perspektivität zulassen. Ein weiteres Merkmal von Modellen ist der Praxisbezug: Modelle sind Abbilder eines Bezugssystems, allerdings ausgerichtet auf ein Verwendersystem. Dort wo Modelle einen gewissen Gültigkeitsanspruch für sich beanspruchen, spricht man auch von Theorien. Wirtschaftswissenschaftliche Modelle dienen dazu, die wirtschaftliche Realität zu vereinfachen und kausale Zusammenhänge begreifbar zu machen. Verschiedene Modellvarianten lassen sich unterscheiden. Partialmodelle sind Teilmodelle, die nur einen Ausschnitt aus der Realität fokussieren (Beispiel Marktmodell). Totalmodelle sind wesentlich komplexer und versuchen alle Wirtschaftssubjekte und Märkte zu beschreiben. Statische Modelle beleuchten die Zustände zu einem bestimmten Zeitpunkt, dynamische Modelle beziehen sich dagegen auf zeitlich längerfristige Prozesse (vgl. Schlösser 2008, S. 235f.).

Didaktischer Nutzen: Die komplexen Vorgänge in der Arbeits- und Wirtschaftswelt erlauben nicht immer direkte Erfahrungen. Die Umsetzung ökonomischer Bildungsanliegen erfordert daher oftmals eine Reduktion von Sachverhalten. Entsprechende Modelle helfen bei der Beschreibung, Erklärung, Erkenntnisgewinnung und Entscheidungsfindung. Bei einem Modell für Schule und Unterricht handelt es sich entweder um einen für einen bestimmten Zweck benutzten oder geschaffenen Gegenstand beziehungsweise, um ein theoretisches Konstrukt, bei dem zwischen bestimmten Elementen des eigentlichen realen Objekts und denen des Modells Analogien bestehen (vgl. Bruhn 1985, S. 534). Ein Modell stellt damit die Beschreibung oder Abbildung eines Bezugssystems dar. Teilaspekte werden aus Gründen der Vereinfachung, der Übersichtlichkeit oder Fokussierung auf wesentliche Lerngegenstände entweder nur reduziert dargestellt oder weggelassen.

Der Einsatz in Unterricht und Bildung richtet sich nach verschiedenen Unterscheidungskriterien. Ein Aspekt ist beispielsweise der Realitätsbezug. Unter diesem Aspekt können reale Gegenstände (Sachmodelle, z.B. Motormodelle) von theoretischen Modellen (z.B. Verhaltenstheorien, Wirtschafts- oder Kreislaufmodelle, Marktmodell, Bilanz, Konjunkturzyklus) getrennt werden. Bei theoretischen Modellen in der Ökonomie handelt es sich um gedankliche Konstrukte. Sie setzen sich zusammen aus einem *„System von ökonomischen Annahmen, von Begriffen und Beziehungen [...] das es ermöglicht, den gesamten Bereich oder Teilbereiche des Wirtschaftsgeschehens zu erfassen um daraus Erkenntnisse zu gewinnen und Folgerungen zu ziehen"* (Pickardt 1990, S. 38).

Aus didaktischer Sicht können Modelle aber auch nach der Art der medialen Repräsentationsform unterschieden werden, und zwar in reale Modelle, ikonische Modelle (Bilder, AV- Medien, Dias), symbolische Modelle (Grafiken, Statistiken) und verbale Modelle (Texte, Lehrervortrag, Schülervortrag). Zuletzt kann man auch nach der Art der Interaktion mit dem Modell unterscheiden. In diesem Zusammenhang lässt sich beispielsweise fragen, ob sich nur am Modell oder auch im Modell lernen lässt (vgl. Kruber 1995, S. 95). Während statische Formen von Modellen wie Abbildungen oder Vorträge nur eine gedankliche Auseinandersetzung mit dem Lerngegenstand zulassen, ermöglichen dynamische Modelle auch Eingriffe und Probehandeln, man spricht dann von Simulationen. Bei den so genannten simulativen Methoden (Fallstudie, Rollenspiel, Planspiel, Projekt) sowie bei rechnergestützten Simulationen ist der Lerner nicht außenstehender Analytiker, sondern gestaltender Akteur, der innerhalb einer modellhaften Situation agiert (ebd. S. 95).

Aufgaben
1. Suchen Sie für jede der in diesem Kapitel aufgeführten Theorien und Modelle Bezüge in den Lehrplänen für WiBu und WiRe und analysieren Sie, zu welchem Zweck sie jeweils eingesetzt werden (Beschreibung, Erklärung, Erkenntnisgewinnung und Entscheidungsfindung).
2. Gestalten Sie für jede der Theorien oder Modelle ein Plakat oder ein Padlet, aus dem Nutzen und Bedeutung aus wirtschaftsdidaktischer Sicht deutlich werden.

3. Skizzieren Sie eine Lernsequenz zur Arbeit an und mit Modellen im Wirtschaftsunterricht nach folgendem Schema: A: Modell entwickeln, B: Begriffe beschreiben und mit Bedeutung füllen, C: Anwendung des Modells, C: Veränderung des Modells und D: Kritik.
4. Erläutern Sie Probleme, denen Schülerinnen und Schüler bei der Arbeit mit Modellen begegnen können.

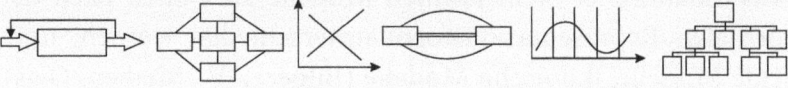

Anregungen für wissenschaftliches Arbeiten

1. In Anlehnung an Derbolav (1966, S. 136) kann zu den Aufgaben einer wissenschaftlichen Didaktik gezählt werden, dass sie hinter die Reflexionsebene einer Bezugswissenschaft zurückdenkt und den praktischen Bildungssinn der wissenschaftlichen Methoden und Theorien definiert. Diskutieren Sie den Bildungssinn der in diesem Kapitel aufgeführten Theorien in Bezug auf das Anliegen ökonomischer Bildung.
2. Analysieren Sie Ansätze der so genannten „Neuen Institutionenökonomik" wie die Theorie der Verfügungsrechte, die Transaktionskostentheorie oder die Prinzipal-Agent-Theorie in Bezug auf ihren fachdidaktischen Wert. Gehen Sie dabei u.a. auf den Zusammenhang zu Bildungszielen, Kompetenzstrukturmodellen und methodischer Berücksichtigung ein.

4. Grundsätzliche Orientierungen unterrichtlichen und methodischen Handelns

Angestrebte Kompetenzen
- Fachspezifische Verfahren, Methoden und Medien vor dem Hintergrund (wirtschafts)didaktischer Grundsätze und Prinzipien reflektieren
- Unterrichtspraxis und –entscheidungen auf der Grundlage pädagogisch-psychologischer und fachdidaktischer Erkenntnisse beurteilen

Vorbemerkungen: Sowohl die Planung als auch die Gestaltung konkreter Lernsituationen verlangen danach, Lerngegenstände reflektiert auszuwählen, sie in eine für den Lernenden bedeutsame und bildungswirksame Form zu bringen sowie den Zugriff der Lernenden darauf effektiv zu organisieren. Bei dieser didaktischen Arbeit helfen verschiedene Prinzipien bzw. Orientierungen, die in der Fachliteratur genannt werden. Als Grundsätze für einen erfolgversprechenden Unterricht weisen sie einen normativen Charakter auf, sind jedoch im Einzelnen mehr oder weniger stark wissenschaftlich fundiert (vgl. Seibert 2006).

4.1 Das Prinzip der Wissenschaftsorientierung

Das Prinzip der Wissenschaftsorientierung wird vor allem dann verwirklicht, wenn das Lehrpersonal bei der Auswahl und methodischen Erschließung der Lerninhalte den Erkenntnisstand der entsprechenden Fachwissenschaften berücksichtigt. Ähnliche Prinzipien sind das

Prinzip der Sachgemäßheit oder das Prinzip der Sachgerechtigkeit. Die Ausrichtung des Unterrichts an der Wissenschaft zielt dabei nicht ausschließlich auf Objektivität und Gültigkeit der Erkenntnisgewinnung. Beabsichtigt ist durchaus auch die Anlage eines *„wissenschaftlichen Habitus mit Tugenden wie Zweifel, Skepsis, Forschen, Präzision, Austausch, Prüfen und Kritik"* (Hedtke 2019, S. 31).

Vielfalt und Verfallszeit der Lerninhalte der beiden Unterrichtsfächer WiBu und WiRe setzen eine Aufgeschlossenheit gegenüber technologischen, arbeitsweltlichen oder wirtschaftlichen Entwicklungen voraus. In immer kürzeren Zyklen werden beispielsweise Ausbildungsberufe an den technologischen, arbeitsorganisatorischen und gesellschaftlichen Wandel angepasst oder fallen ganz weg. Veränderte Ausbildungsstrukturen im Dualen System, wie Stufenausbildung oder Modularisierung sowie Ausbildungsalternativen aus dem Bereich der beruflichen Schulen, machen den Ausbildungsmarkt teilweise recht unübersichtlich. Für eine adäquate Berufswahlvorbereitung oder Berufslaufbahnberatung ist die Kenntnis dieser Entwicklungen zwingend. Die Nichtbeachtung von Neuerungen kann zu Ungenauigkeiten, Verfälschungen, überholten Erklärungen oder zu einer ideologisch bedingten Lehrstoffauswahl führen. Entsprechendes gilt auch für die Orientierung von Schülerinnen und Schülern über akademische Bildungswege.

Bereits in den 1960er Jahren wurde verschiedentlich die Auffassung vertreten, dass die Orientierung in einer von Wissenschaft geprägten Welt auch nur dem wissenschaftlich geschulten Menschen möglich sei (Picht 1965, S. 70). Dies führte generell zu einer stärkeren inhaltlichen Ausrichtung der Curricula an Wissenschaftsdisziplinen. Dort, wo sich nicht nur die Inhalte an den Fachwissenschaften orientieren, sondern gezielt wissenschaftliche Theorien und Modelle zum Gegenstand des Unterrichts werden und zusätzlich wissenschaftliche Methoden zum Einsatz kommen, spricht man auch vom wissenschaftspropädeutischen Lernen. Zu den Zielen der gymnasialen Oberstufe gehört es ausdrücklich, die Schülerinnen und Schüler auf ein wissenschaftliches Studium vorzubereiten. Im Kontext des Faches Wirtschaft und Recht bedeutet dies also die Vorbereitung auf ein betriebswirtschaftliches, volkswirtschaftliches oder auf ein Jura-Studium. Kennzeichen des wissenschaftspropädeutischen Lernens sind die korrekte Handhabung von Fachbegriffen, die Reflexion und Anwendung von Theorien, die Lösung von Problemen orientiert an der jeweiligen wissenschaftlichen Methodologie und letztendlich auch die Reflexion des wissenschaftlichen Tuns an sich (vgl. Reinhardt 2005, S. 170ff.). Im Kern zielt wissenschaftspropädeutisches Lernen daher auf Reflexion und konkretes Wissen über wissenschaftliches Handeln und Problemlösen ab.

Anregungen für wissenschaftliches Arbeiten
Konzipieren Sie ein W-Seminar für die gymnasiale Oberstufe mit wirtschaftswissenschaftlichem Bezug. Erläutern Sie dabei ausführlich die beabsichtigten Ziele des Seminars aus wissenschaftlicher und fachdidaktischer Sicht sowie die Theorien und Methoden, mit denen die Schülerinnen und Schüler arbeiten sollen. Berücksichtigen Sie in Ihren Ausführungen auch die Schwierigkeiten, die die Schülerinnen und Schüler und Sie als Betreuer im Rahmen eines solchen Vorhabens überwinden müssen.

4.2 Das Prinzip der Praxisorientierung und Lebensnähe

Schulische Lerninhalte und Methoden haben sich nicht nur an der Wissenschaft zu orientieren. Ebenso wichtig ist ihre Orientierung an der Lebenswelt und -praxis der Schülerinnen und Schüler. Denn die Inhalte des schulischen Lernens erhalten ihre motivierende Kraft für den Lernenden letztlich erst aus der Erkenntnis ihrer praktischen Bedeutung und Anwendbarkeit. Die Schülerinnen und Schüler sollten gerade im WiBu- und WiRe-Unterricht die Erfahrung machen, dass ihnen das Gelernte in der Alltagswelt von Nutzen ist und Orientierung bietet. Wichtig ist es in diesem Zusammenhang beispielsweise, die regional ausgeprägten oder speziell auf eine Lerngruppe zutreffenden Umwelt-, Lern- und Lebensbedingungen zu berücksichtigen. Wenn möglich sollte sich die thematische Struktur des Unterrichts zudem auf konkrete Einzelheiten, Fälle oder Beispiele beziehen und von dort aus allgemeine Gesetzmäßigkeiten ableiten. In diesem Zusammenhang spricht man auch von induktivem Vorgehen. Für die Thematisierung der Begriffe Geldwert oder Inflation wird man möglicherweise daher erst mit den Schülerinnen und Schülern kaufkraftbeeinflussende Vorgänge besprechen, die sie selbst nachvollziehen können: Zum Beispiel die gesteigerte Nachfrage durch Lohnerhöhungen oder den Anstieg von Preisen durch Unternehmen mit einer großen Marktmacht.

Vom induktiven Vorgehen ist das deduktive Vorgehen zu unterscheiden. Davon kann dann gesprochen werden, wenn etwa über den Graphen einer Kostenfunktion oder über eine Formel allgemeine Gesetzmäßigkeiten oder abstrakte Grundstrukturen definiert und diese dann auf konkrete Einzelfälle angewendet werden.

Eine große Rolle für die Praxisorientierung und Lebensnähe spielt die Arbeitspraxis in der Schule. Die in der Schulküche, dem Werkraum oder dem Schulbüro stattfindenden praktischen Tätigkeiten oder simulativen Arbeitsprozesse können motivierend wirken. Sie sind Versuchsfeld und Erfahrungsraum für eigene Arbeits- und Berufsinteressen.

Der Unterricht in den Gegenstandsbereichen Arbeit und Beruf bezieht sich oft auf Vorgänge und Strukturen, die nicht mehr oder nur mehr unzureichend in der Herkunftsfamilie oder dem persönlichen Umfeld abgebildet oder tatsächlich erfahren werden können. Die prägenden Merkmale der aktuellen Arbeits- und Erwerbsgesellschaft können auch in der Schule nur eingeschränkt erfahrbar gemacht werden. Daraus ergibt sich die Notwendigkeit, Begegnungen und Erfahrungen mit der Realität auch außerhalb der Schule zu ermöglichen (außerschulische Lernorte). In diesem Zusammenhang erfüllen Methoden der Realbegegnung, wie die Betriebserkundung und das Betriebspraktikum, eine wichtige Funktion. Zu beachten ist freilich, dass auch hier die Realität nur ausschnitthaft und unter eingeschränkten Bedingungen erfahren werden kann.

4.3 Das Prinzip der Handlungsorientierung

Als Alternative für lehrerdominierte bzw. überwiegend frontal gestaltete Unterrichtsformen wird seit Jahren eine Handlungsorientierung des Unterrichts gefordert. Die Definition von Hilbert Meyer (1987 b, S. 402), die Lehramtsstudierenden der letzten 30 Jahre wohl bekannt sein dürfte, lautet: *„Handlungsorientierter Unterricht ist ein ganzheitlicher und schüleraktiver Unterricht, in dem die zwischen dem Lehrer und dem Schüler vereinbarten Handlungsprodukte die Organisation des Unterrichtsprozesses leiten, so dass Kopf- und Handarbeit der Schüler in ein ausgewogenes Verhältnis zueinander gebracht werden können."*

Handlungsorientierte Unterrichtskonzepte lassen sich mehr oder weniger schlüssig mit den Theorien und Erkenntnissen verschiedener wissenschaftlicher Disziplinen rechtfertigen (vgl. dazu Jank & Meyer 2003, S. 321 ff.): Entwicklungspsychologische und lerntheoretische Theorien beispielsweise betonen die Bedeutung des handelnden Umgangs mit der Umwelt für den Aufbau von Wissensrepräsentationen (s. dazu Piaget, Ausubel, Bruner u.a.). Denken und Handeln bedingen sich gegenseitig – dies gilt insbesondere für Kinder und Jugendliche, für die Denken oftmals noch kein Handlungsersatz ist, da sie entweder noch nicht die Fähigkeit zu autonom ablaufenden mentalen Prozessen besitzen oder einfach das dazu notwendige Wissen noch nicht vorhanden ist. Handeln ist in diesem Fall eine notwendige Voraussetzung für Denken, Denken wiederum die Grundlage für das Handeln. Auch der Konstruktivismus unterstützt die Handlungsorientierung insoweit, als er feststellt, dass Wissen nicht von außen injiziert werden kann, sondern dass dieses vielmehr vom Subjekt selbstständig konstruiert werden muss. Eine Begründung für praxisnahes, handlungsorientiertes Lernen kann zudem mit den Eigenheiten technischer, beruflicher oder ökonomischer Sachzusammenhänge begründet werden. Die Komplexität vieler Prozesse oder Sachverhalte lässt sich nicht immer allein als außenstehender Betrachter oder Analytiker erschließen. Zielführender ist es dagegen oftmals, eine Binnenperspektive einzunehmen bzw. selbst Erfahrungen zu sammeln. Auch sozialisationstheoretisch lässt sich Handlungsorientierung rechtfertigen: Die Verlängerung der Jugendphase, die Dominanz der Medien oder die besonderen Lebensumstände vieler Kinder und Jugendlicher reduzieren in vielen Bereichen die Möglichkeiten, Primärerfahrungen zu machen. Dies ist Anlass, in Schule und Unterricht verstärkt auf ganzheitliche Lernerfahrungen als eine Art Gegengewicht zu setzen.

Umgesetzt werden kann handlungsorientierter Unterricht vor allem durch Methoden, die dem Lerner den Einsatz verschiedener Handlungsregulationen abverlangen, also möglichst die ganze Breite menschlichen Handelns integrieren, vom motorischen bis hin zum intellektuellen Handeln.

4.4 Das Prinzip der Kompetenzorientierung

Die derzeit vorherrschende Kompetenzorientierung der Lehrpläne zwingt zur Auseinandersetzung mit unterschiedlichen Fragestellungen. Eine davon ist, wie die in den jeweiligen Strukturmodellen ausgewiesenen Kompetenzen in Unterrichtsformen übersetzt oder von den Schülerinnen und Schülern individuell erworben werden können. Für Antworten darauf braucht es ein grundsätzliches Verständnis über anerkannte Wesensmerkmale eines kompetenzorientierten Unterrichts.

Einen ersten Zugang liefert die gängige Kompetenzdefinition von Weinert (2002, S. 27). Er definiert Kompetenzen als *„die bei Individuen verfügbaren oder durch sie erlernbaren kognitiven Fähigkeiten und Fertigkeiten, um bestimmte Probleme zu lösen, sowie die damit verbundenen motivationalen, volitionalen [die willentliche Steuerung von Handlungen und Handlungsabsichten] und sozialen Bereitschaften und Fähigkeiten, um die Problemlösungen in variablen Situationen erfolgreich und verantwortungsvoll nutzen zu können"*.

Diese Definition richtet den Fokus vor allem auf den Einzelnen in seiner Funktion als lernendes Individuum und zwingt zur Überlegung, welche Voraussetzungen die Schülerinnen und Schüler mitbringen und was sie am Ende gelernt haben sollten (Asbrand & Martens 2013, S. 7). Der Lernprozess selbst ist damit vom Ziel, also den tatsächlich zu erwerbenden Kompetenzen aus zu planen. Dabei ist zu berücksichtigen, dass Kompetenzen kaum in einer Unterrichtseinheit erworben werden können, sondern nur über Jahrgangsstufen bzw. Unterrichtseinheiten hinweg angebahnt werden können.

Inhaltlich bedeutet Kompetenzorientierung, dass ein deutlicher Bezug zur Lebenswelt der Schülerinnen und Schüler herzustellen ist, alltagsweltliche Probleme und Lösungsansätze demnach eine stärkere

Berücksichtigung finden sollten. Der Auffassung von Kompetenzen als individuellen, inkorporierten Dispositionen ist auch in methodischer Hinsicht zu entsprechen, also bei der kompetenzorientierten Gestaltung von Lernumgebungen und –situationen. Kompetenzen können kaum allgemein vermittelt, sondern nur individuell erarbeitet werden. Dies erfordert eine auf konstruktivistischen Lerntheorien basierende Unterrichtsgestaltung, die dem individuellen Zugang zu Inhalten und Methoden genauso Bedeutung beimisst, wie einer individuellen Förderung. Gegebenenfalls sind daher diagnostische Maßnahmen einzusetzen, um sich einen Überblick über den Leistungsbzw. Kompetenzstand der Schülerinnen und Schüler zu verschaffen. In diesem Zusammenhang ist es außerdem sinnvoll, zu fragen, wie es zu der jeweiligen Kompetenzausprägung gekommen ist (vgl. Asbrand & Martens 2013, S. 9). Generell sollten in einem kompetenzorientierten Unterricht folgende Punkte Beachtung finden:

- Eine nicht auf einzelne Stunden, sondern auf längere Zeiträume hin ausgerichtete Ziel- bzw. Kompetenzplanung,
- eine konsequente Aufgabenorientierung des Unterrichts,
- eine beständige Förderung der Selbststeuerung der Schülerinnen und Schüler,
- die Anleitung zu Kommunikation, Kollaboration und Kooperation und
- Anreize zur Metareflexion über das Gelernte (vgl. Wiater 2013).

Aufgabe
1. Erarbeiten Sie anhand der gültigen Lehrpläne kompetenzorientierte Lernsequenzen. Wählen Sie dazu Kompetenzerwartungen aus und konkretisieren Sie, wie Sie diese in einer Stundenfolge mittels geeigneter Aufgabenformate bei den Schülerinnen und Schülern

anbahnen wollen.

2. Erstellen Sie mit einer geeigneten App aus dem Internet ein Quiz bzw. eine MC-Aufgabe, bei dem verschiedene Zielformulierungen in Bezug auf Operationalisierung und Kompetenzbezug beurteilt werden müssen.

4.5 Das Prinzip der Selbststeuerung

Vollständig wird die Liste der Bedingungen, unter denen Lernen aus pädagogischer Sicht stattfinden soll, nur mit dem Etikett Selbststeuerung. Verbunden damit ist die Vorstellung von einer selbstständigen Planung, Organisation und Aneignung von Wissen. Zudem meint der Begriff die autonome Festlegung von Zielen, Inhalten oder Themen. Konrad und Traub (1999, S. 13) schlagen folgende Definition für das selbstgesteuerte Lernen vor: *„Selbstgesteuertes Lernen ist eine Form des Lernens, bei der die Person in Abhängigkeit von der Art ihrer Lernmotivation selbstbestimmt eine oder mehrere Selbststeuerungsmaßnahmen (kognitiver, volitionaler oder verhaltensmäßiger Art) ergreift und den Fortgang des Lernprozesses selbst (metakognitiv) überwacht, reguliert und bewertet."* Die Idee des selbstorganisierten Lernens ist seit Mitte der achtziger Jahre in verschiedenen Bildungsbereichen verbreitet: In der beruflichen Aus- und Weiterbildung, im Managementtraining oder in der gewerkschaftlichen Bildungsarbeit. Besonders in der Erwachsenen- und betrieblichen Bildung wird das selbstorganisierte bzw. selbstgesteuerte Lernen als *conditio sine qua non* gesehen, da Freiraum und Autonomie als notwendige Lernbedingungen der Zielgruppen gelten. Auch außerhalb des Bildungsbereichs wird selbstgesteuertes Lernen eingefordert, etwa von Personal- und Organisationsentwicklern, die die „Lernende Organisation" propagieren, oder von Politikern, die von der Notwendigkeit „lebenslangen Lernens" sprechen. In einem engen Zusammenhang zum selbstgesteuerten Lernen ist das Schlagwort von der Wissensgesellschaft zu sehen. Das wachsende Interesse an eigenständig initiierten und kontrollierten Lernprozessen wird insgesamt mit den technologischen und gesellschaftlichen Herausforderungen begründet. Selbstgesteuertes Lernen lässt sich zusammenfassend daher als Lernbedingung und als Lernziel gleichermaßen sehen.

Aufgaben
1. Inwiefern lassen sich die oben genannten Prinzipien lernpsychologisch begründen?
2. Analysieren Sie Unterrichtsentwürfe nach den aufgeführten Prinzipien.
3. Skizzieren Sie unter Bezugnahme auf den geltenden Lehrplan Aufgaben für einen handlungs- und kompetenzorientierten Wirtschaftsunterricht.

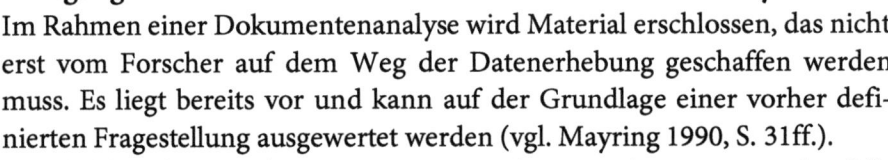

Anregung für wissenschaftliches Arbeiten – Dokumentenanalyse
Im Rahmen einer Dokumentenanalyse wird Material erschlossen, das nicht erst vom Forscher auf dem Weg der Datenerhebung geschaffen werden muss. Es liegt bereits vor und kann auf der Grundlage einer vorher definierten Fragestellung ausgewertet werden (vgl. Mayring 1990, S. 31ff.).
Fachdidaktische Forschung mit einem qualitativen Ansatz nutzt ebenfalls entsprechende Dokumente. Beispielsweise könnten von Studierenden erstellte Unterrichtsentwürfe ausgewertet werden, etwa in Bezug auf das darin zum Ausdruck kommende Lehrerbild, die möglicherweise zutage tretenden subjektiven Theorien oder die Berücksichtigung der oben aufgeführten Unterrichtsprinzipien.

5. Typische methodische Großformen in der ökonomischen Bildung

Angestrebte Kompetenzen
- Bedeutung, Ablauf und Grenzen fachspezifischer Methoden und Verfahren erläutern
- Auswahl und Durchführung fachspezifischer Methoden auf der Grundlage von Kompetenzstrukturmodellen begründen
- Interaktionspartner und Lernorte zur Förderung ökonomischer Bildung kennen und in Bezug auf den Kompetenzerwerb beurteilen

Vorbemerkungen: Die methodische Gestaltung von Unterricht oder - allgemein - von Lehr-/Lernprozessen muss zu den Kernkompetenzen von Lehrerinnen und Lehrern gerechnet werden. Lange Zeit dominierte die Auffassung, der Sinn und Zweck von Unterrichtsmethoden liege allein darin, den Schülern Bildungsinhalte zugänglich zu machen. Ausgangspunkt derartiger Überlegungen ist die Annahme eines gewissen Primats von Bildungsinhalten (Was, Warum) gegenüber der Methodik (Wie, Womit). Ein derart eingeschränktes Methodenverständnis wird ihren vielfältigen Funktionen jedoch kaum gerecht: Methoden integrieren eine äußere Handlungs-, Sach- und Sozialstruktur und eine innere Lernstruktur. Sie strukturieren also das Handeln der am Unterricht Beteiligten, den Inhalt sowie den Lernprozess, andererseits können sie selbst Inhalt sein (z.B. eine Gruppenarbeit beim Umsetzen von sozialen oder affektiven Lernzielen oder auch ein bestimmtes methodisches Vorgehen bei der Lösung eines ökonomischen Problems).

Terhart (2000, S. 26 f.) stellt nach Auswertung verschiedener Definitionen des Begriffs Methoden vier unterschiedliche mehr oder weniger durchgängige Dimensionen fest:

1. **Die Dimension „Zielerreichung"**
   Sie sieht die Methode als Mittel zur Erreichung von Lern- und Unterrichtszielen.
2. **Die Dimension „Sachbegegnung"**
   Die Unterrichtsmethode wird hier als vermittelnde Instanz zwischen lernendem/anzueignendem Subjekt und zu lernendem/anzueignendem Subjekt verstanden.
3. **Die Dimension „Lernhilfe"**
   Die Schaffung möglichst günstiger Lernbedingungen für den Schüler steht im Mittelpunkt dieser Betrachtungsweise.
4. **Dimension „Rahmung"**
   Die Einbettung von Lernprozessen in den institutionellen Rahmen der Schule stellt nach dieser Betrachtungsweise eine wichtige Aufgabe der Methoden dar.

Einteilung der Methoden: Für die Einteilung methodischer Verfahren bzw. Erscheinungsformen existieren unterschiedliche Möglichkeiten. In den meisten Fällen orientieren sich die Klassifikationsversuche am zeitlichen, planerischen oder organisatorischen Umfang der Interaktions- und Aktivitätsformen zwischen Lehrern/Schülern oder Schülern/Schülern oder Schülern/Lerngegenstand. Nach Meyer (1987 a, S. 235 ff.) konstituiert sich der methodische Gang des Unterrichts in Handlungssituationen, d.h. kurzen Unterrichtsszenen, die von Lehrer und Schüler mit subjektivem Sinn belegt sind. Aus mehreren Handlungssituationen lassen sich komplexere Handlungsmuster zusammensetzen (z.B. Lehrervortrag, Schülerreferat, Unterrichtsgespräch, Tafelarbeit). Diese wiederum können mit einer bestimmten Schrittfolge zu methodischen Großformen (z.B. Lehrgang, Kurs, Projekt, Lektion) arrangiert werden.
Eine sehr verbreitete Systematik zur Klassifikation methodischer Phänomene ist das von Wolfgang Schulz (1965). Es weist fünf Ebenen auf, die in einem dependenten und hierarchischen Verhältnis zuei-

nanderstehen. Auch hier spielt für die Einteilung das Ausmaß der Entscheidungen des Lehrers eine Rolle: Der untersten Ebene lassen sich relativ kurzfristig vom Lehrer vorgenommene Methodenentscheidungen wie Lob und Tadel oder Ermunterung zuordnen (Urteilsformen). Darüber befindet sich die Ebene der Aktionsformen. Hier lassen sich u.a. Lehrervortrag, Experimente oder auch die Lehrerfrage anordnen. Auf der darüber liegenden Ebene der Sozialformen können unterschieden werden: Frontalunterricht, Gruppenunterricht oder Einzelarbeit bzw. Stillarbeit. Grundsätzlicher Natur und damit wiederum übergeordnet ist die Frage des Stufenaufbaus bzw. Artikulationsschemas des Unterrichts (z.B. Einstieg, Phase der Erarbeitung mit Lernschritten und Wiederholung). Die oberste Ebene ist den umfassenden Methodenkonzeptionen wie Projektmethode, induktive oder deduktive Methode vorbehalten.

Während sich eine solche Einteilung der Methoden vorrangig an der Reichweite sowie der Verlaufs- und Handlungsstruktur der sozialen Interaktionen der am Unterricht Beteiligten orientiert, fokussiert die Einteilung von Methoden in Simulationsverfahren und Verfahren der Realbegegnung vor allem die Begegnung des Lerngegenstandes mit dem Schüler.

Im Fokus der Simulationsverfahren steht dabei das sanktionsfreie, weil „nur" simulierte Probehandeln. Diese Methoden entfalten ihr Potenzial durch die Auseinandersetzung des Lerners mit einem Modell, also einem Abbild bzw. Stellvertreter des Originals, was jedoch letztlich zu Aussagen über die Wirklichkeit befähigen soll. Eigentümlich für die Methoden der Realbegegnung ist die Chance zum unmittelbaren Erfahrungsaufbau sowie der Überprüfung oder Vertiefung bereits angebahnter Kenntnisse, Fertigkeiten und Fähigkeiten an außerschulischen Lernorten oder im realen Vollzug.

Tabelle. Simulative Methoden und Methoden der Realbegegnung

Simulationsverfahren	Verfahren der Realbegegnung
- Fallstudie - Simulationsspiel - Rollenspiel - Planspiel - Brainstorming	- Betriebspraktikum - Betriebserkundung - Experteninterview

Projekt und Schülerfirma lassen sich nicht eindeutig den Simulationsverfahren oder den Verfahren der Realbegegnung zuordnen, da sie Elemente aus beiden Lagern integrieren: Sie werden daher auch als realitätsnahe Methoden bezeichnet.

Als weiteres Einteilungskriterium methodischer Großformen dient auch die Affinität dieser Methode zu dem jeweiligen Fach. Je nachdem wie kongruent die Methode zu den Zielen, Inhalten oder auch zur Methodologie der mit dem Fach verbundenen Wissenschaftsdisziplinen eingestuft wird, wird sie als fachspezifisch, fachtypisch oder auch fachfremd charakterisiert. Die anschließend skizzierten methodischen Großformen zählen zu den fachtypischen bzw. fachspezifischen Methoden wirtschaftlichen Unterrichts.

5.1 Projekt

Der Begriff Projekt wird in der pädagogischen Literatur vieldeutig verwendet. So finden sich Bezeichnungen wie Projektunterricht, projektorientierter Unterricht, Projektwochen oder Projektarbeit. Allen genannten Formen liegt die Auffassung eines engen Wirkzusammenhangs zwischen dem menschlichen Handeln und lernrelevanten Erkenntnisprozessen zugrunde (vgl. Kaiser & Kaminski 1999, S. 274).

Aus Gründen der Vereinfachung sollen hier die Begriffe Projekt und Projektunterricht verwendet werden.

Relevanz des Projektunterrichts: Die Anwendung von Projektunterricht an berufsbildenden Einrichtungen wie Architektur- und Kunstschulen ist bereits im 19. Jahrhundert nachgewiesen. Die grundsätzliche didaktische Intention, nämlich Arbeiten und Lernen miteinander zu verbinden, weisen die Projektmethode als adäquates Unterrichtsverfahren für arbeits- und wirtschaftsorientierte Bildungsprozesse aus. Die Analyse der historischen Wurzeln der Projektunterrichtskonzeption zeigt darüber hinaus auch die gesellschaftlich-politische Grundintention der Methode, die zuerst wohl bei Dewey und Kilpatrick im ersten Drittel des letzten Jahrhunderts formuliert wurde: Die zunehmende, durch ökonomische Prozesse ausgelöste Komplexität der Lebensverhältnisse macht ein Lernen auf Vorrat in der Schule zumindest fragwürdig. Dagegen erscheint ihnen ein exemplarisches Lernen sinnvoll, das solche Fähigkeiten ausbildet, die es erlauben, Probleme dann zu lösen, wenn sie auftauchen (Gudjons 1986, S. 14). Neben diesen Aspekten, die auf Selbstbestimmung und Demokratisierung abzielen, bietet die Methode weiteres Potenzial: Für den Aufbau überfachlicher Qualifikationen, für die Berufsorientierung und für die Anbahnung ökonomischer Kompetenzen. Anders als bei der Durchführung eines Projektes in der realen Arbeits- oder Berufswelt, wo stets das Ergebnis im Vordergrund steht, sollten in der Schule jedoch in erster Linie die Lern- und Denkwege der Schülerinnen und Schüler im Mittelpunkt des Unterrichtsgeschehens stehen.
Allgemein werden der Projektmethode gewisse Vorzüge in folgenden Bereichen zugesprochen:
- Förderung sozialer Interaktionsprozesse zwischen den Schülern (Sozialkompetenz),

- Aufbau von kognitiven Strukturen durch ganzheitliche Betrachtungen,
- Förderung von Selbstorganisation und Selbstverantwortung,
- Aufbau von Sach- und Fachkompetenz,
- Vermittlung von Fähigkeiten und Fertigkeiten,
- Förderung der Sprachkompetenz und
- Förderung von Kreativität, Planungsfähigkeit und Problemlösungsfähigkeit.

Merkmale eines Projekts: Projekte können sich im Unterrichtsverlauf über mehrere Stunden erstrecken. Zweckmäßig ist es daher, sie von vornherein fächerübergreifend anzulegen. Die Einzelschritte eines Projektablaufs sind allerdings auch auf kleinere Unterrichtseinheiten übertragbar. Kommen im Rahmen des Unterrichts nur bestimmte Merkmale oder Phasen eines Projekts zum Tragen, spricht man eher von einem projektorientierten Unterricht. Für die unterrichtliche Umsetzung eines Projektes finden sich in der Literatur zahlreiche Prinzipien bzw. Merkmale, die es je nach Projektauswahl und Unterrichtssituation zu berücksichtigen gilt (vgl. Gudjons 1986, S. 19ff.; Kaiser & Kaminski 1999 S. 280 ff.).
Projektorientierter Unterricht sollte generell komplexe Probleme aufgreifen, die nicht nur aus einer Perspektive betrachtet werden können und somit auch in der Schule nicht allein durch die Kenntnisse und Methoden eines Faches bewältigt werden können (Interdisziplinarität).
Am Ende eines Projektes sollte stets ein Produkt stehen, das für die Schülerinnen und Schüler von Bedeutung ist (Schülerorientierung) einen Gebrauchswert aufweist oder in irgendeiner Form veröffentlicht werden kann (Produktorientierung). In diesem Fall kann es sich beispielsweise um eine Klassen- oder Wandzeitung, eine Aufführung, eine Rundfunksendung, einen kleinen Film, ein Projektbuch, ein Pla-

kat sowie ein Produkt für den Markt in der Schule oder außerhalb handeln. Wenn möglich, sollte das Produkt außerdem einen Gesellschaftsbezug aufweisen bzw. über die spezifischen Interessen der Schülerinnen und Schüler hinaus von Bedeutung sein. Damit wird der Ernstcharakter der Methode gefördert. Als handlungsorientierte Methode sollte das Projekt ferner die ganze Palette menschlicher Verhaltensdispositionen wie Denken, Handeln und Fühlen integrieren.

Die einzelnen Schritte eines Projektes: Ein Projekt bedingt eine eigene prozessuale Struktur und führt demnach zu einer methodentypischen Artikulation des Unterrichts, die die in der nachfolgenden Tabelle aufgeführten Schritte beinhaltet.

Tabelle: Artikulationsschema eines Projektes

1. Projektinitiative	Die Vorschläge können von Schülern, Außenstehenden oder Lehrern kommen. Inhaltlich nur skizzenhaft umrissen.
2. Auseinandersetzung mit der Initiative	Die Initiative wird hier diskutiert, evtl. sogar verworfen. Skizzierung möglicher Inhalte und Tätigkeiten. Festlegung eines genauen Handlungszieles.
3. Projektplan als gemeinsames Anliegen	Hier ist zu klären: Welche Aufgaben werden von wem in welcher Zeit durchgeführt? Der Projektplan wird an der Tafel, auf Folie oder auf einem Zettel schriftlich fixiert.
4. Projektdurchführung mit Reflexionsphasen und Fixpunkten	In dieser Phase werden die zuvor geplanten Schritte aufgearbeitet. An ebenfalls im Projektplan festgelegten Fixpunkten werden Teilergebnisse vorgestellt, der Zeitplan überprüft und ggf. Revisionen vorgenommen.
5. Projektbewertung	Das Projektprodukt wird von den Teilnehmern im Hinblick auf die Zielformulierung bewertet.
6. Projektabschluss mit Vorstellung der Ergebnisse	Das Projekt wird abgeschlossen und die Ergebnisse je nach Projektprodukt vorgestellt.

Aufgaben

1. Erläutern Sie, warum das Projekt als wichtige Methode zur Förderung ökonomischer Bildung gelten kann.
2. Wo und in welchen Jahrgangsstufen finden sich in den Lehrplänen für WiBu und WiRe Hinweise auf diese Methode.
3. Auch wenn im Unterricht die Projektidee eigentlich vom Schüler ausgehen sollte, müssen Lehrerinnen und Lehrer in der Praxis Anregungen geben. Entwickeln Sie daher Projektvorschläge, die sich mit den Vorgaben aus den geltenden Lehrplänen decken.

Anregungen für wissenschaftliches Arbeiten – Tests im Unterricht

Um zu reflektierten ökonomischen Entscheidungen zu kommen, können die Informationen von Verbraucherschutzverbänden oder Testeinrichtungen hilfreich sein. Um Schülerinnen und Schüler an Testkriterien und Teststandards heranzuführen, ist die Konzeption eines eigenen Produkt- oder Dienstleistungstests, zumindest jedoch der Nachvollzug eines Testdesigns beispielsweise von der Stiftung Warentest im wirtschaftlichen Unterricht denkbar. Entwerfen Sie eine Unterrichtssequenz als Projekt, bei der sich die Schülerinnen und Schüler mit einem Testdesign beschäftigen (s. dazu Wenig 2007, S. 121ff.).

5.2 Leittextmethode

Charakteristik: Die Leittextmethode entstammt eigentlich der beruflichen Ausbildung im gewerblich-technischen Bereich. Mittlerweile kommt sie jedoch auch im wirtschaftlich geprägten Unterricht zum Einsatz (s. Kaiser & Kaminski 1994, S. 246). Der Grundgedanke der

Leittextmethode ist es, den Schülerinnen und Schülern ein System aufeinander abgestimmter Lernhilfen an die Hand zu geben, so dass diese befähigt werden, möglichst selbstständig zu Handlungsergebnissen zu kommen.

Elemente der Leittextmethode: Leitfragen, Leitsätze, Arbeitsplan und Kontrollbogen ergeben zusammen die Leittexte. Diese lassen sich einteilen in Leittexte für die Bearbeitung spezieller Aufgaben (spezielle Leittexte) und Leittexte für eine heuristische Lenkung des Lernprozesses ohne auf spezielle Aufgaben Bezug zu nehmen (inhaltsunabhängige Leittexte). Letztere lassen sich innerhalb eines Gegenstandsbereichs für unterschiedliche Lernprozesse einsetzen. Die Elemente werden anschließend entlang der einzelnen Phasen erklärt.

Tabelle: Ablauf einer Leittextmethode (vgl. Schelten 1995, S. 187).

Information	Zunächst soll sich der Lerner ein klares Bild vom angestrebten Endzustand, also vom Ziel machen. Dazu müssen u.U. technische Zeichnungen oder andere Unterlagen eingesehen und systematisch analysiert werden. Als Hilfestellung fungieren hier Leitfragen anhand derer das Produkt und die zu seiner Herstellung erforderlichen Arbeiten analysiert werden. Sind zur Bearbeitung des Werkstücks spezielle Kenntnisse oder Fertigkeiten notwendig, kann der Lerner hier ebenfalls auf Leitfragen zurückgreifen, die deren Aneignung evtl. mittels Büchern begleiten. Zur Verfügung stehen auch so genannte Leitsätze, mit deren Hilfe ebenfalls Kenntnisse angeeignet, aufgefrischt oder vertieft werden. Bei Leitsätzen handelt es sich in der Regel um kurze Texte. In dieser Phase der Leittextmethode kann es auch sinnvoll sein, andere Methoden wie Arbeitsbeobachtungen, Personenbefragungen oder auch Exkursionen mit zu integrieren. Durch Leitfragen können die Lerner auch hier zu einer Analyse des Geschehens angehalten werden.
Planung	In dieser Phase ist von den Schülern der Arbeitsprozess zu antizipieren. Die Organisation der Arbeitsabläufe, die Festlegung der

	Werkzeuge und Hilfsmittel sowie die Abfolge und Abhängigkeiten der einzelnen Arbeitsschritte sind gedanklich durchzuspielen. Die Überlegungen sollen schließlich im Entwurf eines Arbeitsplans münden. Auch zur Unterstützung dieser Phase können wieder Leitfragen bereitgestellt werden.
Entscheiden	Während dieser Phase soll nach der Idealvorstellung der Leittextmethode der Lehrer stärker als in den ersten beiden Stufen in den Lernprozess eingreifen und die Planungsvorschläge mit den einzelnen Gruppen gründlich erörtern. Das Gespräch soll dabei nicht den Charakter eines Prüfungsgesprächs, sondern den eines Fachgesprächs haben. Thema des Fachgesprächs sollen die Leitfragen zum Zeichnungslesen aus der Informationsphase und zum Arbeitsplan aus der Planungsphase sein. Die von den Gruppen erstellten Arbeitspläne und Kontrollbögen sollen hier kritisch reflektiert werden. Ziel ist es, Fehler im Arbeitsplan zu korrigieren. Auch in dieser Phase können natürlich Kenntnislücken auftauchen, die dann durch zusätzliche Unterweisungen oder andere methodische Arrangements geschlossen werden müssen.
Ausführung	Aufgrund der intensiven Vorbereitung der einzelnen Arbeitsschritte geht man davon aus, dass die Ausführung der Arbeiten von den Schülern in dieser Phase weitgehend selbstständig geleistet werden kann. Bei komplexen Arbeiten kann auch arbeitsteilig vorgegangen werden, wobei der Lernfortschritt jedes Schülers gewährleistet sein muss. Selbstverständlich können Alternativen, die sich schon in der Planungsphase angeboten haben, Berücksichtigung finden. Der Lehrer steht dem Schüler unterstützend zur Seite und greift im Falle einer Fehlentwicklung ein.
Kontrolle	Schon während der Ausführung aber auch nach Fertigstellung des Werkstücks prüft der Lernende selbst, ob die Arbeiten von ihm fachgerecht ausgeführt wurden. Die Ergebnisse der Selbstkontrolle trägt der Auszubildende in einen Kontrollbogen ein. Darüber hinaus erfolgt auch eine Kontrolle durch den Lehrer. So werden z.B. die Zeichnungsmaße mit den Werkstückmaßen verglichen. Durch die Selbstauswertung soll der Auszubildende die eigene Leistung einschätzen und Fehler und deren Ursachen erkennen lernen.
Bewertung	Anhand der Gegenüberstellung von Auftragsunterlagen, gefertigtem Produkt und Kontrollergebnissen soll in der abschließenden

Bewertungsphase ein Fachgespräch mit dem Lehrer stattfinden. Dabei sollen Fehler und Fehlerursachen analysiert werden, um damit deren zukünftige Vermeidung zu gewährleisten. Erweist sich in dieser Fremdkontrolle die eigene Einschätzung des Schülers als falsch, so hat er noch nicht gelernt, die eigene Arbeitsqualität richtig einzuschätzen.

Aufgaben
1. Informieren Sie sich über die Bedeutung der Leittextmethode in den aktuellen Lehrplänen und in der Projektprüfung der Mittelschule.
2. Entwerfen Sie für ein kleines Projekt die Leitfragen, Leitsätze, Arbeitspläne und Kontrollbögen.

5.2 Rollenspiel

Definition und Intentionen des Rollenspiels: Unter einer Rolle versteht man die Summe der Erwartungen, Normen, Werte und Verhaltensweisen anderer Personen oder generell der Gesellschaft gegenüber einer Person in einer bestimmten sozialen Situation. Bei einem Rollenspiel handelt es sich um eine Methode, bei der Rollen aus sozialen Realitäten im Schutz einer Spielsituation nachgeahmt und auch verändernd erprobt werden können. Die Spielsituation berührt gegenwärtige oder zukünftige Lebenssituationen und bereitet Schülerinnen und Schüler auf ihre Bewältigung vor. Rollen können so von verschiedenen Seiten aus betrachtet, analysiert und eingeübt werden. Ggf. gewinnen die Lernenden auch einen kritischen Abstand zu Rollenerwartungen oder setzen sich kritisch mit Rollenkonflikten auseinander. „*Die didaktischen Chancen liegen darin, dass in der handlungsorientierten Darstellung (eine konkrete Situation ist zu gestalten) ein Verhalten besser als in der Besprechung wiedergegeben werden kann, dass besser als in der Realität Falsches bzw. für falsch-gehaltenes deutlich gemacht werden kann, dass man Alternativen ohne Sanktionen ausprobieren kann*" (Bönsch 1996, S. 205).

Der Einsatz von Rollenspielen kann damit der Förderung sozialer und personaler Kompetenzen (z.B. Empathie, Ambiguitätstoleranz, Rollendistanz) und kommunikativer Kompetenzen (z.B. Rhetorik, Schlagfertigkeit, Überzeugungsfähigkeit) dienen. Aber auch für die Reflexion fachlicher Aspekte kann der Einsatz eines Rollenspiels sinnvoll sein, beispielsweise wenn es um Rollenkonflikte in der Arbeits- und Berufswelt oder generell in der Wirtschaftswelt geht. Ein Beispiel dafür sind Intrarollenkonflikte. Dabei werden an ein und dieselbe Rolle verschiedene Erwartungen herangetragen. Ein Interrollenkonflikt muss dann bewältigt werden, wenn an eine Person divergierende Erwartungen aus verschiedenen von ihr eingenommenen Rollen herangetragen werden, beispielsweise die Erwartung der Freundin oder des Freunds nach Freizeitgestaltung und die Erwartung des Chefs nach Überstunden. Ziel des Rollenspiels ist es hier, dass sich die Schülerinnen und Schüler ein Handlungsrepertoire aneignen, das eine reflektierte, gewaltfreie und argumentative Bewältigung solcher Konfliktsituationen zulässt.

Tabelle: Ablauf eines Rollenspiels

Vorbereitung	- Ausgangssituation erarbeiten, Problemstellung - Rollen werden vorgegeben (z.B. mit Rollenkarten) - Rollen werden verteilt - Rollen werden ausgearbeitet und „studiert" - Beobachtungsaufträge werden formuliert
Durchführung	- Spielen und Beobachten - Evtl. Unterbrechung, Besprechung, Korrektur
Auswertung	- Aus der Sicht der einzelnen Spieler - Aus der Sicht der Beobachter - Problemlösung - Evtl. mehrere Spieldurchläufe - Erfolgssicherung

Aufgaben
1. Erläutern Sie, inwiefern das Rollenspiel geeignet ist, Ziele ökonomischer Bildung zu befördern.
2. Bei welchen Themen im Lehrplan würden Sie das Rollenspiel einsetzen? Begründen Sie Ihre Aussagen.

5.3 Fallstudie

Charakteristik: Bei einer Fallstudie werden reale Einzelvorkommnisse durch Vereinfachung, Reduzierung und Strukturierung so auf den Unterricht zugeschnitten, dass die Schülerinnen und Schüler in die Lage versetzt werden, nach möglichst eigenständiger Informationsbeschaffung, Planung und Überprüfung ihrer Ansätze zu (alternativen) Lösungen des Falls zu kommen. Erich Kosiol (1957, S. 36) definiert die Fallstudie als *„methodische Entscheidungsübung(en) aufgrund selbständiger Gruppendiskussionen am realen Beispiel einer konkreten Situation"*. Der Ursprung dieser Unterrichtsmethode wird von Kaiser (1983) in Lernkonzepten in der amerikanischen Hochschulausbildung gesehen. An der Harvard Business School wurden sogenannte *„case studies"* eingesetzt, um damit das Problemlösen beim Managementnachwuchs zu schulen.

Im Rahmen wirtschaftlicher, technischer, rechtlicher und berufsorientierender Bildung können Fallstudien zur Aneignung fachlicher und methodischer Kompetenzen beitragen. Die Auseinandersetzung mit Fällen, bei denen Menschen, in problematischer, existenzieller oder beruflicher Weise von Technik, Wirtschaft oder Rechtsproblemen betroffen sind, fordert zunächst dazu heraus, sich soweit mit dem jeweiligen fachlichen Hintergrund zu befassen, dass eine anschließende Bewertung vorgegebener Lösungen oder eine Findung eigener Lösung möglich wird. Ein besonderer Stellenwert wird der Fallstudie bei der Ausbildung von Urteils- und Entscheidungsfähigkeit zugebilligt. Die Rezeption fremder Schicksale und biographischer Episoden einerseits sowie die Perspektivenübernahme und Gedankenexperimente bei der Lösung des Falles andererseits dienen wie in einem Laboratorium dazu, Vorstellungen über das eigene Ich anzuregen und leisten so möglicherweise einen Beitrag zu Selbsterkenntnis und Selbstkonzeptentwicklung. Analyse, Gedankenexperimente und sich anschließende Entscheidungsfindung in Bezug auf soziotechnische oder sozioökonomische Probleme bedingen zudem eine Reflexion von Handlungsursachen und Handlungsalternativen, die als Blaupausen für das eigene Verhalten wirken können.

Varianten: Fallstudien lassen sich in verschiedenen Varianten durchführen. Die Erkenntnisarbeit konzentriert sich dann jeweils auf einen bestimmten Schwerpunkt – etwa auf die Beschreibung, Strukturierung und Ordnung der Fallaspekte, die Analyse der Intentionen und Ursachen oder auf die eigentliche Problemlösung. Die Stellschraube für die Modifikation der Methode ist das jeweils zugängliche Ausmaß an Informationen. Bei der *case-study-method* sind alle Informationen weitestgehend vorgegeben. Der Schwerpunkt liegt hier auf der Analyse der nicht offensichtlich zu Tage tretenden Probleme. Bei der *case-problem-method* werden auch die Probleme ausdrücklich genannt, müssen also nicht gefunden werden. Das vorgegebene Material soll die Erarbeitung von Lösungsvarianten für die vorgegebene Problemstellung sowie eine Entscheidung befördern. Der Fall bei der *case-incident-method* zeigt sich dagegen lückenhaft. Die Lerner sind hier auf eine Informationsrecherche angewiesen und sollen so zu einer Entscheidung kommen. Bei der *stated-problem-method* sind Probleme, Informationen und Lösungen dokumentiert. Beabsichtigt ist hier, dass die Lerner die Entscheidungen nachvollziehen, die Lösungen diskutieren und ggf. alternative Lösungen entwickeln (Kaiser 1976, S. 55).

Anforderungen an den Fall: Die für den Unterricht ausgewählten Fälle sollten aus didaktischen wie psychologischen Erwägungen heraus bestimmte Anforderungen erfüllen. So sollte der Fall möglichst ein reales Ereignis abbilden bzw. auf ein aktuelles Problem oder einen realen Konflikt ausgerichtet sein und bereits Informationen zur Problem- oder Konfliktbewältigung enthalten. Des Weiteren sollte er Ansatzpunkte für eine Verallgemeinerung der fallspezifischen Aspekte enthalten und natürlich an den Erfahrungen, Vorstellungen und realen Lebenssituationen der Lernenden ausgerichtet sein (Dedering 2000, S. 202).
Ziel ist eine möglichst selbständige Bearbeitung der Fallstudie durch die Schülerinnen und Schüler. Trotzdem ist der Lehrer an verschiedenen Stellen gefragt: Etwa bei der Unterstützung für den Aufbau des

notwendigen Vorwissens, bei der Bereitstellung geeigneter Informationen oder Lösungsoptionen oder generell bei der Förderung einzelner Lerner oder Gruppen.

Ablauf einer Fallstudie: Wie jede methodische Großform unterliegt auch die Fallstudie einer eigenen Artikulation, bzw. Ablaufstruktur. Sie lässt sich nach Kaiser (1983) generell in folgende Phasen einteilen:

Tabelle. Ablauf einer Fallstudie nach Kaiser (1983)

Konfrontation	Die Schüler müssen das anstehende Problem als wichtig für ihr eigenes Leben erkennen. Dazu müssen sie die Situation, in der das Problem angesiedelt ist, analysieren. Der Lehrer liefert dazu die ungeordneten und nicht strukturierten Daten und Informationen.
Information	Hier sollen die Schüler Informationen sammeln und auswerten. Die Quellen sollen für die Schüler erreichbar und verständlich sein sowie ein eigenständiges Arbeiten der Schüler ermöglichen.
Exploration	In dieser Phase werden die von den Schülern erarbeiteten Lösungen dargestellt und die Alternativen sichtbar gemacht.
Resolution	Nun gilt es durch Diskussionen, Erörterungen usw. herauszufinden, welche der Lösungen als die „Beste" erscheint.
Disputation	Die bisher in kleiner Gruppe erarbeitete Lösung soll einem breiteren Publikum (Klasse) vorgelegt werden und dabei noch einmal diskutiert werden.
Kollation	Zuletzt wird die gefundene, erörterte, disputierte und erfolgreich verteidigte Lösung mit jener verglichen, die in der Realität gefunden und u.U. praktiziert wurde.

Aufgaben
1. Suchen Sie aus Zeitungen oder Zeitschriften relevante Fälle mit Bezug zur ökonomischen Bildung und überlegen Sie, welche Lernziele bzw. Kompetenzen sich die Schülerinnen und Schülern bei der Bearbeitung des Falles aneignen können.
2. Erläutern Sie, warum Fallstudien besonders geeignet sind, die Entscheidungsfähigkeit der Schülerinnen und Schüler zu stärken.

5.4 Planspiel

Begriffsklärung und Charakteristik: Das Planspiel hat seinen Ursprung wohl in militärischen Kriegsspielen. Parallelen gibt es zum Rollenspiel, weil die Schülerinnen und Schüler auch hier Rollen einnehmen und sich ausprobieren können. Der hauptsächliche Unterschied liegt in der längeren Dauer, in der Komplexität des Ablaufs, dem zugrundeliegenden Modell sowie in der Intention der Methode. Während das Rollenspiel nämlich vorrangig ein methodisches Format darstellt, in dem sozial-interaktive Prozesse und Verhaltensweisen ausgetestet werden können, zielt das Planspiel auf planvoll-strategisches Handeln in einem speziellen Handlungsbereich. Jedes Planspiel baut auf einem spezifischen, jedoch vereinfachten Modell der Wirklichkeit und den davon abgeleiteten Regeln auf. Von reinen betriebswirtschaftlichen oder auch volkswirtschaftlichen Simulationen unterscheiden sich Planspiele durch ihren Spielcharakter. Dies kann u.U. Wettbewerb und Konkurrenz zwischen Spielern oder Spielergruppen bedeuten. Planspiele lassen sich allgemein als komplexer angelegte Rollenspiele mit klaren Interessengegensätzen und hohem Entscheidungsdruck charakterisieren (Meyer 1987, S. 366).

Nach Weber (1995, S. 36) stellen Planspiele *„im Modell Entscheidungs- und Handlungsprozesse gesellschaftlicher und wirtschaftlicher Bereiche und Entwicklungen mit ihren Voraussetzungen, Abläufen, Konsequenzen und Interdependenzen dar"*. Kaiser und Kaminski (1999, S.172) definieren das Planspiel als Lehrverfahren, *„das dem Lernenden Gelegenheit gibt, Entscheidungen für ein wirklichkeitsbezogenes, periodengegliedertes Zeitablaufmodell zu treffen und die Qualität der Entscheidungen auf Grund der quantifizierenden Periodenergebnisse zu überprüfen"*.

Für die Bildungsintentionen in der Arbeits- und Wirtschaftslehre sind solche Planspiele von besonderer Bedeutung, die den Fokus auf die Ausbildung von Rollenkompetenzen als Entscheider in ökonomisch geprägten Lebenssituationen legen.

Die Intentionen des Planspiels: Die im Rahmen des Planspiels angeleitete Auseinandersetzung mit dem Modell und seinen Regeln zielt darauf ab, die Wirklichkeit handlungsorientiert begreifbar zu machen. Die Schülerinnen und Schüler erhalten innerhalb eines Planspiels die Möglichkeit, konkreten Ereignissen und Herausforderungen sanktionsfrei zu begegnen und sich dadurch fachliche, methodische, soziale und personale Kompetenzen anzueignen.

Für den schulischen Unterricht wirtschaftlicher Fächer eignen sich bevorzugt Planspiele, bei denen es entweder um Haushalt und Konsum (Haushaltsplanspiele), volkswirtschaftliche bzw. wirtschaftspolitische Zusammenhänge, Geldanlage (z.B. Planspiel Börse) oder um unternehmerisches Denken und Handeln (Unternehmensplanspiele) geht. Dabei sollen konkrete fachliche oder methodische Kompetenzen, etwa im Bereich von Kostenkalkulation oder Buchführung erworben werden. Durch den Austausch mit Mitspielern oder Externen, z.B. bei Abstimmungsprozessen oder Verhandlungen, können zudem soziale und personale Kompetenzen aufgebaut werden (s. dazu auch Kaiser 1976; Klippert 1992; Geuting 1992).

Ablaufphasen eines Planspiels: Ausgangspunkt für den Kompetenzaufbau sind jeweils Szenarien, die mittels Ereigniskarten oder Computerunterstützung das weitere Vorgehen initiieren. Die Szenarien sind Anlass, Informationen zu sammeln und aufzubereiten, Entwicklungen zu antizipieren und Entscheidungen zu fällen sowie diese ggf. mit Verhandlungsgeschick und kommunikativen Fähigkeiten auch durchzusetzen. Die wirtschaftlichen Operationen bieten zudem einen Anlass, Ergebnisse oder Fehler zu analysieren und daraus Schlussfolgerungen zu ziehen.

Das Planspiel erstreckt sich zweckmäßigerweise über mehrere Unterrichtsstunden und stellt somit eine Unterrichtssequenz dar. Aufgabe des Lehrers ist es, die für das Spiel notwendigen inhaltlichen und prozessualen Materialien bereitzustellen, die sowohl die fachliche Arbeit als auch den Ablauf des Planspiels beeinflussen. Bei solchen Materialien kann es sich z.B. um Arbeitskarten, Informationsmaterialen und Aufgabenstellungen handeln.

Tabelle: Ablauf eines Planspiels nach Klippert (1992)

Spieleinführung	Hier wird das Planspiel den Lernenden mit seinem Ablauf, Inhalt und der Ausgangsituation vorgestellt. Danach werden Spielgruppen gebildet, Spielmaterialien verteilt und die für den Spielbeginn notwendigen Unterlagen (z.B. Arbeitskarten) ausgeteilt.
Informationsphase	Die einzelnen Gruppen beschäftigen sich mit ihren Spielmaterialien. Auftretende Verständnisfragen werden innerhalb der Gruppe oder mit Hilfe der Lehrperson geklärt.

111

Meinungs- und Strate-gieplanung	Innerhalb der Gruppen wird die jeweilige Rollensitua-tion diskutiert. Außerdem werden die Gruppenziele und –interessen festgelegt, sowie die Möglichkeiten zur Zieldurchsetzung durchdacht. Erkenntnisse und Vors-ätze bzgl. der Gruppenstrategie werden in einem Über-sichtsprotokoll festgehalten. Der Lehrer tritt in dieser Phase als Beobachter und Berater in den Hintergrund.
Interaktionsphase	In dieser Phase beginnt nun das eigentliche Spiel. Die Gruppen steigen in das Spielgeschehen ein und neh-men miteinander Verbindung auf, indem sie verschie-dene Interaktionsformen einsetzen (z.B. Briefe schrei-ben, sich informieren, Verhandlungen führen oder Bündnispartner suchen). Zusätzliche Spielimpulse entstehen dadurch, dass der Lehrer weitere Materialien austeilt, die den Inhalt oder den Ablauf eines Plan-spiels betreffen. Am Ende dieser Interaktionsphase steht die zusammenfassende Positions- und Strategie-klärung im Hinblick auf die nachfolgende Konferenz.
Konferenzphase	Zum Ende des Spiels tragen die Gruppensprecher/-innen innerhalb einer Diskussionskonferenz allen Teilnehmern/-innen ihre Argumente, Anfragen und Problemlösungsvorschläge vor. Rückfragen und Ent-gegnungen zu den einzelnen Vorträgen sind jederzeit möglich. Der Lehrer oder geeignete Schüler überneh-men die Konferenzleitung und die Gesprächsführung. Häufig bleiben Fragen aus zeitlichen Gründen offen und werden an fiktive Ausschüsse überwiesen.
Spielauswertung	In dieser Phase soll den Lernenden durch ein offenes Feedback eine Reflexion des Spiels ermöglicht werden. Darüber hinaus können hier verbliebene Defizite im fachlichen und/oder methodischen Bereich durch zusätzliche Materialien, Gespräche und Übungen nachbereitet und/oder vertieft werden.

Formen des Planspiels: Planspiele lassen sich nach verschiedenen Aspekten einteilen (vgl. Blötz 2015, S. 47). Ein Aspekt ist die mediale Repräsentationsform der Arbeitsmaterialien, Inhalte oder prozessualen Anreize innerhalb eines Planspiels. Sie können den Beteiligten in Papierform, als Brettspiel, rechnergestützt oder in kombinierter Form zur Verfügung gestellt werden. Unterschieden werden kann ferner nach dem jeweiligen inhaltlichen Kontext, z.B. in Haushalts-, Unternehmens-, Börsen- oder volkswirtschaftliche Planspiele. Auch in punkto Organisation und Spielablauf weichen Planspiele voneinander ab. Zu unterscheiden ist beispielsweise, ob das Planspiel allein vom Lehrer initiiert oder extern durch eine Organisation mit eigener Spielleitung unterstützt wird. Unterschiede können sich deshalb auch im zeitlichen Ablauf ergeben. Während der Zeitaufwand beispielsweise für das Planspiel Börse[5] über mehrere Monate reicht, lässt sich etwa das Planspiel Tommys Törtchen (auch: *piece of cake*) in eine Unterrichtseinheit integrieren.

Letztlich lassen sich Planspiele auch dahingehend unterscheiden, ob die Schülergruppen bereits während des Spiels miteinander in Konkurrenz treten, wie bei Konferenzplanspielen oder aber die Ergebnisse am Schluss des Spiels erst verglichen werden.

Aufgaben
1. Für welche im Lehrplanthemen eignet sich die Planspielmethode Ihrer Meinung nach besonders?
2. Informieren Sie sich, welche Planspiele für den Einsatz im Bereich der ökonomischen Bildung konzipiert wurden und beurteilen Sie anhand der vorliegenden Informationen, ob sie sich für den Ein-

---

[5] https://www.planspiel-boerse.de/toplevel/main/deutsch/index.html

satz in WiBu und WiRe eignen.[6]

3. Beschreiben Sie anhand eines bestimmten Planspiels den genauen Verlauf und geben Sie differenziert an, welche Aufgaben in den einzelnen Phasen von Schülern und Schülerinnen sowie Lehrkräften zu bewältigen sind!

Anregung für wissenschaftliches Arbeiten
Rechnergestützte Planspiele und so genannte Serious Games werden als adäquate Methode betrachtet, planmäßige Instruktion und individuelle Konstruktion miteinander zu verbinden. Suchen Sie in der einschlägigen Literatur nach Studien und Kriterien solcher Anwendungen für den Einsatz im Rahmen ökonomischer Bildung und analysieren Sie ein ausgewähltes Spiel nach den in der Literatur vorgestellten Gütekriterien.

5.5 Schülerfirma

Lernbüro-Übungsfirma-Schülerfirma – Struktur und rechtlicher Status: Bereits im 18. Jahrhundert wurden im Zuge kaufmännischer Ausbildungen betriebliche Aufgaben simuliert. Heute haben sich im Bereich ökonomischer Bildung mit der Schülerfirma, dem Lernbüro oder der Übungsfirma verschiedene handlungsorientierte und auf betriebliche Vorgänge bezogene methodische Formate etabliert. Gemeinsam geht es bei allen methodischen Varianten darum, unternehmerische Vorgänge und Strukturen für Bildungsanliegen insoweit

---

[6] z.B. http://www.bpb.de/lernen/formate/planspiele/65585/planspiel-datenbank?themenbereich=-1&altersstufe=-1&spielart=-1&zeitbereich=-1&teilnehmerzahl=&suchwort=&submit=Suche+starten&paginator=9

zu reduzieren, als dass sie sowohl die Basis für das Verständnis komplexerer ökonomischer Strukturen als auch ein Übungsterrain für Entscheidungs- und Handlungskompetenzen bilden können. Organisation und Realitätsbezug variieren jeweils: Bei einem Lernbüro oder einer Übungsfirma geht es darum, über fiktive Waren- und Geldströme Geschäftsvorgänge und Geschäftstätigkeiten zu simulieren. Beide Formen kommen vor allem im Bereich der kaufmännischen Aus- und Weiterbildung vor. Die Schülerfirma dagegen ist keine Scheinfirma, sondern ein hauptsächlich von Schülern getragenes schulisches Unternehmen, das mit realen Produkten oder Dienstleistungen am Markt agiert. Von der unternehmerischen Gewinnorientierung lässt sich diese Methode vor allem durch ihre pädagogischen Zielsetzungen abgrenzen (Penning 2018, S. 8). Organisatorisch gibt es vier verschiedene Optionen (Arbeitsgemeinschaft Jugend und Bildung/BMWi 2009, S. 20):

1. Schülerfirma als Schulprojekte ohne eigenen Rechtsstatus
2. Schülerfirmen unter dem Dach des Schulfördervereins
3. Schülerfirmen in Zusammenarbeit mit einer Institution, die den rechtlichen Status sichert oder
4. Schülerfirmen als Wirtschaftsunternehmen (reale Firmen).

Variante 1 dürfte die Form sein, die in den meisten Schulen dominiert.

Intentionen einer Schülerfirma: Die Zielsetzungen, die mit einer Schülerfirma realisiert werden sollen, können recht unterschiedlich sein: Beispielsweise als Verfahren zum Aufbau ökonomischer Kompetenzen, als Baustein im Rahmen der Berufswahlvorbereitung, als Profilelement der Schule zur Förderung von Schlüsselqualifikationen oder einfach als pädagogisches Element zur Förderung der Gesamtpersönlichkeit (vgl. Weber 2007; Bothe & Schöler 2017). Jede Schülerfirma fordert die Schülerinnen und Schülern zur Auseinandersetzung mit fachlichen Inhalten (z.B. Rechtsformen von Unternehmen, Steuern, Sozialversicherungsbeiträge, Ablauf- und Aufbauorganisation, produktionstechnische Abläufe, Marketing o.ä), regt die Entscheidungs- und Handlungskompetenzen an, ermöglicht Erfahrungen u.a. zu Erfolg oder Misserfolg und fördert so ggf. personale und soziale Verhaltensweisen wie Selbstständigkeit, Verantwortungsbewusstsein oder Teamfähigkeit.

Merkmale und spezifische Aufgabenbereiche: Die Schülerfirma entwickelt sich mehr und mehr zu einem im Rahmen ökonomischer Bildung bevorzugten Unterrichtsverfahren. Im Mittelpunkt steht hier eine als schulisches Projekt initiierte Firma, die unter Begleitung bzw. Beratung verschiedener Lehrer fach- und jahrgangsstufenübergreifend Sach- oder Dienstleistungsgüter plant, produziert und möglichst gewinnbringend in einem realen Markt verkauft. Zur Erreichung dieses Ziels wird eine funktional gegliederte Struktur (Beschaffung, Produktion, Absatz) sowie eine Aufbauorganisation eingerichtet.
Voraussetzung für die Schülerfirma ist eine Produkt- bzw. Geschäftsidee, eine längerfristige Strategie und die Beschaffung von Anfangskapital. Dies kann über die Ausgabe von Anteilsscheinen, über Sponsoring oder über eine Vorfinanzierung erfolgen. U.u. muss ein Konto eingerichtet werden, wobei dafür ein Lehrer mit als Kontoinhaber fungieren sollte, wenn kein volljähriger Schüler zur Verfügung steht. Geklärt werden müssen Verantwortung und Zuständigkeiten sowie Aufgabenverteilungen. Eine Schülerfirma sollte heimischen Betrieben keine direkte Konkurrenz machen. Kooperationsmodelle beispielsweise mit dem Bäcker, der die Schule mit Brötchen beliefert, sind aber denkbar. In der Verlaufsstruktur orientiert sie sich am Projekt, wobei die Laufzeit, anders als bei einem Projekt, durchaus über ein Schuljahr hinausreichen kann. Dies bedeutet, dass eine Schülerfirma von einer „Schülergeneration" auf die andere übertragen werden kann. Je nach Produkt- oder Geschäftsidee sind weitere Aufgaben durchzu-

führen, u.a. Kosten- und Preiskalkulation, Buchführung, Marketingstrategie und -maßnahmen, Verteilung der Gewinne. Der Gewinn darf bestimmte Grenzen nicht überschreiten.

Ablauf: Ablauf und Aufgaben einer Schülerfirma orientieren sich an den Schritten zur Gründung einer realen Unternehmung. Dazu zählen das Finden einer Geschäftsidee, eine entsprechende Marktanalyse, die Geldbeschaffung und Finanzplanung, die Planung und Arbeitsvorbereitung der Produktion, die Unternehmensorganisation (Aufbau- und Ablauforganisation) und die Organisation des eigentlichen Geschäftsbetriebs. Dieser erfordert die unterschiedlichsten Aufgaben im Rahmen von Beschaffung, Produktion und Absatz. Anders als bei einer realen Unternehmung ist die Schülerfirma auch wieder abzuwickeln. Sinnvoll ist es außerdem, eine oder mehrere Reflexionsphasen im Ablauf einzuplanen. Dies ist auch deswegen notwendig, damit das Geschehen im Rahmen einer Schülerfirma nicht unreflektiert mit der Realität gleichgesetzt wird, Risiken nicht unterschätzt werden und ökonomische Sachverhalte nicht allein aus einer unternehmerischen Perspektive betrachtet werden (Weber 2008, S. 280).

Aufgaben
1. Informieren Sie sich im Internet über bereits bestehende Schülerfirmen. Analysieren Sie dabei folgende Punkte: Die Schritte zur Findung der Geschäftsidee, die Geschäftsidee in Bezug auf das Produkt (Gut oder Dienstleistung), die fokussierte Branche (Handwerk, Handel, Gesundheit, Gastronomie, Soziales oder Erziehungsbereich, Landwirtschaft oder Gartenbau, Kommunikations- oder Informationsbereich), die Art der Finanzierung, die Organisationsstruktur (Aufbau- und Ablaufstruktur) sowie Hinweise zur Verwendung evtl. generierter Erlöse.
2. Erläutern Sie, warum die Schülerfirma wichtige Beiträge zu vorbe-

ruflicher Bildung, zu wirtschaftlicher Grundbildung und zur Berufswahlvorbereitung leisten kann!
3. Skizzieren Sie eine mögliche Schülerfirma für den Einsatz in Ihrer Schulform. Berücksichtigen Sie dabei Geschäftsidee, Firmenstruktur, Kapitalbeschaffung und Organisation!

Anregung für wissenschaftliches Arbeiten
Im Internet findet sich eine Vielzahl dokumentierter Beispiele für Schülerfirmen. Untersuchen Sie die Beschreibungen nach typischen, für eine Schülerfirma wichtigen Kriterien (z.B. Art des Produkts: Sach- oder Dienstleistung; Art der Finanzierung; Laufzeit; Einsatz in Jahrgangsstufe; Vorrangige Ziele: ökonomische Bildung, Berufsorientierung o.a.). Grenzen Sie bei Ihren Recherchen die Untersuchungsregion und die Schulart ein und überführen Sie Ihre Ergebnisse in ein Tabellenkalkulationsprogramm mit dem die Daten dann deskriptiv in Tabellen und Grafiken dargestellt werden können. Interpretieren Sie die Daten.

5.6 Betriebserkundung

Charakteristik: Schulisches Lernen, das auf eine Hinführung von Schülerinnen und Schülern auf die Arbeits- und Wirtschaftswelt abzielt, kommt nicht ohne eine Begegnung mit dieser Welt aus. Als Ort des Wirtschaftens, als Lernort im Rahmen des Dualen Systems oder auch als Ort technischer Innovationen – der Betrieb steht aus verschiedenen Erwägungen im Zentrum didaktischer Überlegungen ökonomischer Bildung.
Die Auseinandersetzung mit betrieblichen Aspekten kann auf unterschiedliche Art und Weise erfolgen: Real über Besichtigungen, Betriebserkundungen oder Betriebspraktika. Medial über virtuelle Betriebserkundungen, Simulationen oder Filme.

Im Gegensatz zur Besichtigung soll es bei einer in einem realen Betrieb durchgeführten Erkundung zu nachhaltigen Lernerfahrungen kommen. Als Betriebserkundung bezeichnet man daher eine gezielt vor- und nachbereitete Unterrichtsveranstaltung, in der die Schülerinnen und Schüler durch gezielte Beobachtungen und Fragestellungen differenzierte Einblicke in die Berufs- und Arbeitswelt eines Betriebes gewinnen. Nach Neugebauer (1977, S. 223) handelt es sich bei einer Betriebserkundung um die Untersuchung eines soziotechnischen Systems außerhalb des Lernortes Schule

- zum Zweck der Gewinnung eines relativ gründlichen Einblicks in einen ausgewählten und begrenzten Praxisbereich,
- durch Bearbeitung von didaktisch gesteuerten Beobachtungs- und Befragungsaufträgen,
- unterstützt durch flankierende Begleitmaßnahmen am Lernort Schule,
- bei voller Integration in den Unterrichtsgang eines Bezugsfaches.

Aspekte der Betriebserkundung: Die Komplexität auch kleinerer Betriebe macht eine Fokussierung auf bestimmte inhaltliche Schwerpunkte erforderlich. Die nachfolgende Tabelle gibt einen Überblick über mögliche Aspekte.

Für eine systematische Betriebserkundung unter einem vornehmlich wirtschaftlichen Aspekt hat sich eine Untersuchung des Unternehmens (Betriebs) nach seinen Grundfunktionen (Beschaffung, Produktion, Absatz) bewährt.

Tabelle: Überblick über Erkundungsaspekte

Berufskundlicher Aspekt	Art und Umfang verschiedener beruflicher Tätigkeiten und Ausbildungsberufe.
Wirtschaftlicher Aspekt	Marktbedingungen, Beschaffungsvorgänge, effektiver und effizienter Einsatz von Betriebsmitteln und Arbeitskräften im Rahmen von Produktionsprozesse, Absatzmöglichkeiten.
Sozialer Aspekt	Soziale und organisatorische Gestaltung der Arbeit, formelle und informelle Beziehungen der Beschäftigten.
Technologischer Aspekt	Technische Rahmenbedingungen, Innovationen und Transformationsprozesse und ihre Auswirkungen auf verschiedene berufliche Tätigkeiten.

Betriebserkundung – Arten: Grundsätzlich lassen sich (Btriebs)erkundungen nach Art und Umfang der zu erkundenden Aspekte (Aspekterkundung oder Gesamterkundung), nach ihrer curricularen Anordnung (Zuordnung zu Jahrgangsstufen oder einzelnen Lernzielen, bzw. vor, während oder nach eine Lerneinheit) oder nach ihrer Durchführungsform (Einzel-, Partner- oder Gruppenerkundung) unterscheiden.

Ablauf und Grundsätze der Betriebserkundung: Für den Lehrer sind mit der Planung, Durchführung und Nachbereitung von Betriebserkundungen umfangreiche Organisationsarbeiten und didaktisch-methodische Überlegungen verbunden. Vorarbeiten betreffen zum Beispiel eine rechtzeitige Kontaktaufnahme mit dem Betrieb. Dabei sind die Ansprechpartner, die möglichen betrieblichen Erkundungsbereiche sowie Sozialformen der Erkundung (Einzel-, Partner- oder Gruppenerkundung) zu klären. Ggf. ist vom Betrieb Informationsmaterial anzufordern, um die Schüler effektiv vorzubereiten.

Der Erfolg einer Betriebserkundung hängt zudem von einer sorgfältigen Vorbereitung bzw. von einem ausreichenden Vorwissen seitens der Schülerinnen und Schüler ab. Gegebenenfalls müssen vorab Grundlagen der Erkenntnisgewinnung eingeübt werden. Dazu zählen adäquate Formen der Gesprächsführung und Fragetechniken sowie Beobachtungs- und Dokumentationstechniken. Je nach Betrieb sind im Vorfeld auch Arbeitssicherheits- oder besondere Verhaltensregeln zu klären. Als Ergebnis dieser Vorbereitungsphase sollten die Schülerinnen und Schüler zudem einen Fragenkatalog oder einen Erkundungsbogen erarbeitet haben.

Methoden, die zur Vorbereitung einer Betriebserkundung eingesetzt werden können, sind z.B. die Dokumentenanalyse, (z.B. Analyse von Stellenanzeigen der Branche, Untersuchung von Organigrammen oder Informationsangeboten auf der Homepage eines Betriebes sowie Analyse eines Leitbildes), die Arbeit mit berufskundlichen oder branchenbezogenen Filmen sowie die Analyse von Produkten des entsprechenden Betriebs in Bezug auf technische, berufskundliche, ökologische oder betriebswirtschaftliche Aspekte.

Die Erfahrungen und Erkenntnisse einer Betriebserkundung können im Nachhinein mittels Präsentations- und Moderationstechniken gesammelt, aufbereitet und reflektiert werden. Sinnvoll ist es auch, die Ergebnisse einer breiteren Öffentlichkeit, zumindest aber im Rahmen schulischer Ausstellungen oder Vorträge zur Verfügung zu stellen. In Verbindung mit medienpädagogischen Zielen ist zudem eine Dokumentation in Form von Podcasts oder Filmen sinnvoll.

Aufgabe
Erarbeiten Sie in der Gruppe ein gemeinsames Papier mit einem Editor für kollaboratives Schreiben (z.B. Edupad) zu den Möglichkeiten und Grenzen der Betriebserkundung im Rahmen wirtschaftlicher Bildung. Inhaltlich

sollte das Paper auf allgemeine Ziele ökonomischer Bildung, auf Bildungsziele der jeweiligen Schulart sowie auf Lehrplanziele rekurrieren. Außerdem sollten die Argumente mit pädagogischen und lernpsychologischen Theorien und Erkenntnissen unterlegt werden. Prozessual bietet sich folgende Vorgehensweise an:

- Sammeln der Informationen in der Gruppe
- Summarische Auflistung der Möglichkeiten und Grenzen im Rahmen eines Brainstormings (dabei Einarbeitung in die Bearbeitungsmodi und Werkzeuge des Editors)
- Gemeinsames Ordnen der Aspekte zu Argumentationssträngen
- Gezielte Ausarbeitung einzelner Punkte durch Paare oder Gruppen.

5.7 Betriebspraktikum

Charakteristik: Zusammenhänge in der Arbeits- und Wirtschaftswelt selbstständig zu erschließen und die Ergebnisse auf die eigene Person zu beziehen, ist eines der wichtigsten Ziele der ökonomischen Bildung und der Berufs- und Studienorientierung. Didaktisch-methodisch können Schülerinnen und Schüler dabei auf unterschiedliche Weise unterstützt werden. Einen besonderen Stellenwert nehmen jedoch jene Maßnahmen und Methoden ein, die dem Schüler Einblicke und Erfahrungen in reale Arbeitsprozesse, Aufgaben und Anforderungen erlauben und bestenfalls sogar ein Ausloten eigener Stärken und Schwächen ermöglichen (vgl. Klafki 1967, S. 28ff.). Dazu zählen alle Formen von Praktika, für die stellvertretend hier das Betriebspraktikum genauer charakterisiert werden soll. Der Begriff Betriebspraktikum wird im Zusammenhang mit der Schnupperlehre sowie dem Berufs-, Firmen-, Haushalts-, Industrie-, Landwirtschafts-, Sozial-,

Verwaltungs- und Wirtschaftspraktikum genannt (Faulstich-Wieland 1996, S. 351).

Das Betriebspraktikum ist eine von Schule und Betrieb gemeinsam getragene Veranstaltung, die der Orientierung, Erfahrungssammlung und Erprobung in einem realen Arbeits- und Wirtschaftsumfeld dient und damit Lernmöglichkeiten vorwiegend für den Berufswahlprozess bietet, die in der Schule so nicht realisiert werden können. Es handelt sich um eine Methode, die in der Regel auch von den Jugendlichen selbst als bedeutsamer Beitrag zu ihrem Berufswahlprozess eingeschätzt wird (Kohlrausch, Maas & Solga 2014, S. 28f.).

Arten und Funktionen von Betriebspraktika: Die Wirksamkeit eines Betriebspraktikums für die Berufs- und Studienorientierung wird durch eine adäquate schulische Vorbereitung, eine individuelle Begleitung und eine sich anschließende Reflexion des Praktikums gesteigert. Damit Erkenntnisprozesse für die Berufs- und Studienwahlentscheidung initiiert werden, die auf Passung der individuellen Fähigkeiten und Fertigkeiten mit den berufsbezogenen Anforderungen angelegt sind, ist eine genaue Verortung des Betriebspraktikums im Rahmen schulischer Berufsorientierungsprogramme sinnvoll (s. Kolb 1981, S. 94ff.). Vom zeitlichen Umfang her kann zwischen Tages-, Wochen- oder mehrwöchigen Blockpraktika getrennt werden. Nach der zeitlichen Anordnung innerhalb eines curricularen Gesamtkonzepts lassen sich grundsätzlich das Orientierungspraktikum, das Erprobungspraktikum und das Kontrastpraktikum unterscheiden.

Der Grundgedanke des Orientierungspraktikums besteht in der Auseinandersetzung des Praktikanten mit einem raschen Wechsel von praktischen Aufgaben, die in wechselnden sozialen, technischen und beruflichen Umfeldern zu erledigen sind. Diese Form des Praktikums ermöglicht überwiegend Einblicke in Arbeits- und Produktionsprozesse, sowie deren soziotechnische Gestaltung. Aufgrund der hier allenfalls partiellen Erfahrungsmöglichkeiten ist eine ausreichende schulische Vorstrukturierung des Praktikumsumfeldes sowie eine Thematisierung der dabei gewonnenen Eindrücke im Anschluss an das Praktikum unerlässlich.

Das Betriebspraktikum als Erprobungspraktikum soll durch die Auseinandersetzung des Praktikanten mit praktischen Aufgabenstellungen aus dem Arbeitsfeld eines bestimmten Berufs Hilfestellung bei der Formulierung des Berufswunsches bzw. bei der Festigung beruflicher Aspirationen ermöglichen. Mehr als beim Orientierungspraktikum sollen hier an verschiedenen Arbeitsplätzen Erfahrungen gesammelt werden, um die geistigen und körperlichen Anforderungen einzelner Berufe praxisnah kennen zu lernen, die eigenen Interessen zu spiegeln, Fähigkeiten einzuschätzen und praktisch zu erproben.

Beim Kontrastpraktikum geht es darum, berufliche Tätigkeiten eines anderen Berufsfeldes, Berufs oder Aufgabenfeldes als dem bis dato ins Auge gefassten Bereichs kennen zu lernen. Ziel ist es hier, entweder die Entscheidungsgrundlage für einen Berufswunsch oder eine Berufswahl zu festigen oder aber das Feld möglicher beruflicher Optionen zu erweitern. In der Praxis wird jedes Betriebspraktikum sowohl Aspekte der Orientierung, der Analyse und der Erprobung beinhalten.

Aufgaben
1. Erstellen Sie mit einer geeigneten Anwendung im Internet (z.B. Timeline-Funktion von Padlet oder der Projektplan-Funktion vom MindMeister) den Ablaufplan für ein Betriebspraktikum von Schülerinnen und Schüler einer 8. Klasse einer Mittelschule oder einer 10. Klasse eines Gymnasiums. Gehen Sie dabei auf organisatorische Aufgaben und rechtliche Rahmenbedingungen, inhaltliche Vorarbeiten in der Klasse sowie sinnvolle Schritte zur Nachbereitung ein.
2. Erstellen Sie mit einem geeigneten netzgestützten Werkzeug (z.B.

Padlet, MindMeister) eine Übersicht über außerschulische Lernorte für die ökonomische Bildung aus der Bezüge zum geltenden Lehrplan, der mögliche Kompetenzerwerb sowie wichtige Aspekte der Vor- und Nachbereitung ersichtlich werden.

Literaturverzeichnis

Aff, J. (2003): Überlegungen zur verstärkten Integration der Wissenschaftsorientierung in das Konzept einer handlungsorientierten Wirtschaftsdidaktik. In: Kaiser, F.-J.; Kaminski, H. (Hrsg.): Wirtschaftsdidaktik. Bad Heilbrunn: Klinhardt Verlag, S. 13-39.

Aff, J. (2008): Entrepreneurship Education - didaktische "Zeitgeistformel" oder Impuls für die ökonomische Bildung? In: Kaminski, H.; Krol G.-J. (Hrsg.): Ökonomische Bildung: legitimiert, etabliert, zukunftsfähig. Bad Heilbrunn: Julius Klinkhardt, S. 297-324.

Albers, H.-J. (1995): Handlungsorientierung und ökonomische Bildung. In: Albers, H.-J. (Hrsg.): Handlungsorientierung und ökonomische Bildung. Bergisch Gladbach: Verlag Thomas Hobein, S. 1-22.

Arndt, H. (2020): Ökonomische Bildung. Erlangen FAU University Press. Online: urn:nbn:de:bvb:29-opus4-130233

Asbrand, B.; Martens, M. (2013): Kompetenzorientierter Unterricht. Eckpunkte des didaktischen Konzepts. In: Schulmagazin 5 - 10, 81 (2013) 5, S. 7-10.

Balderjahn, I.; Specht, G. (2011): Einführung in die Betriebswirtschaftslehre. Stuttgart: Schäffer-Poeschel Verlag für Wirtschaft Steuern Recht GmbH.

Bendixen, P. (2004): Die Konstruktion des ökonomischen Blicks. In: online-journal für Sozialwissenschaften und ihre Didaktik. Heft 3/2004. Online: www.sowi-onlinejournal.de

Bothe, N.; Schöler, T. (2017): Vertiefte Berufsorientierung in Schülerfirmen. In: Brüggemann, T.; Driesel-Lange, K.; Weyer, C. (Hrsg.): Instrumente zur Berufsorientierung: pädagogische Praxis im wissenschaftlichen Diskurs. Münster, New York: Waxmann, S. 271-285.

Blötz, U. (Hrsg.) (2015): Planspiele und Serious Games in der beruflichen Bildung. Auswahl, Konzepte, Lernarrangements, Erfahrungen - Aktueller Katalog für Planspiele und Serious Games 2015. 5., überarb. Aufl. Bielefeld: Bertelsmann (Berichte zur beruflichen Bildung).

Bruhn, J. (1985): Modell. In: Lenzen, D. (Hrsg.): Enzyklopädie Erziehungs-wissenschaft. Bd. 4. Stuttgart: Klett-Cotta, S. 534-535.

Czycholl, R. (2000): Wirtschaftspädagogik und Wirtschaftsdidaktik zwischen wirtschaftsallgemeiner und wirtschaftsspezieller Erziehung. In: Euler, D./ Jongebloed, H.-C./ Sloane P.F.E. (Hrsg.): Sozialökonomische Theorie – sozialökonomisches Handeln. Konturen und Perspektiven der Wirtschafts- und Sozialpolitik. Festschrift für Martin Twardy zum 60. Geburtstag. Kiel, 137-151.

Dauenhauer, E. (1969): Kategoriale Didaktik. Rinteln

Dauenhauer, E. (1979): Über die Einheit der Wirtschaftsdidaktik. In: Neugebauer, W. (Hrsg.): Wirtschaft III. Lehrerbildung für Wirtschafts- und Arbeitslehre. München, S. 68-76).

Derbolav, J. (1966): Das Selbstverständnis der Erziehungswissenschaft. In: Oppolzer, S. (Hrsg.): Ausgangspunkte wissenschaftlichen Denkens. Denkformen und Forschungsmethoden der Erziehungswissenschaft. Band 1: Hermeneutik Phänomenologie Dialektik Methodenkritik. München: Franz Ehrenwirth Verlag. S. 119-158.

Detjen, J. (2006): Wieviel Wirtschaft braucht die politische Bildung. In: Weißeno, G. (Hrsg.): Politik und Wirtschaft unterrichten. Bonn: Bundeszentrale für politische Bildung 2006, S.62-79.

Deutsche Gesellschaft für ökonomische Bildung (DEGÖB) (2004): Kompetenzen der ökonomischen Bildung für allgemein bildende Schulen und Bildungsstandards für den mittleren Schulabschluss. Online: http://www.degoeb.de/

Domschke, W.; Scholl, A. (2008): Grundlagen der Betriebswirtschaftslehre: Eine Einführung aus entscheidungstheoretischer Sicht. Berlin, Heidelberg: Springer Verlag.

Ebbers, I.; Klein, R. (2011): Kultur der unternehmerischen Selbstständigkeit. In: Aus Politik und Zeitgeschichte. 12/2012. Beilage zur Wochenzeitung das Parlament. S.28-32. Online: file:///C:/Users/ppa127/AppData/Local/Temp/EPCQ28-2.pdf

Engartner, T.; Fridrich, C.; Graupe, S.; Hedtke, R.; Tafner, G. (Hrsg.) (2018): Sozioökonomische Bildung und Wissenschaft. Entwicklungslinien und Perspektiven. Wiesbaden: Springer VS.

Engartner, T. (2018): Eckpfeiler sozioökonomischer Bildung – oder: Zur Bedeutsamkeit der Kontextualisierung ökonomischer Frage- und Problemstellungen. In: Engartner, T.; Fridrich, C.; Graupe, S.; Hedtke, R.; Tafner, G. (Hrsg.): Sozioökonomische Bildung und Wissenschaft. Entwicklungslinien und Perspektiven. Wiesbaden: Springer VS., S. 27-52.

Euler, D.; Hahn, A. (2004/2007): Wirtschaftsdidaktik. Bern, Stuttgart, Wien: Haupt Verlag.

Faulstich-Wieland, H. (1996): Das Betriebspraktikum. In: Dedering, H. (Hrsg): Handbuch zur arbeitsorientierten Bildung. München, Wien: Oldenbourg, S. 351-373.

Feger, H. (1995): Existenzielle Entscheidungen – ihre Position in einem allgemeinen Modell der Konfliktformen. In: Kruse, A.; Schmitz-Scherzer, R. (Hrsg.): Psychologie der Lebensalter. Darmstadt: Dr. Dietrich Steinkopff Verlag, S. 53-60.

Fischer, A. (Hrsg.) (2003): Im Spiegel der Zeit. Frankfurt/M.

Fischer, A. (2004): Ökonomische Bildung und konstruktivistische Didaktik. In: sowi-online-journal. Heft 2. Online: http://www.sowi-online.de/journal/2004-2/oekonomische_bildung_fischer.htm.

Fischer, S. & Zurstrassen, B. (2014): Annäherungen an eine sozioökonomische Bildung. In: Fischer, S. & Zurstrassen, B. (Hrsg.): Sozioökonomische Bildung. Bonn: Bundeszentrale für politische Bildung, S. 7-31.

Fischer, S. (2006): Welche wirtschaftsberufliche Bildung wollen wir? In: Fischer, A. (Hrsg.): Ökonomische Bildung – Quo vadis? Bielefeld: Bertelsmann Verlag, S. 5-27.

Furtner-Kallmünzer, M. (1999): Ein föderalistisches Puzzle: Werbeerziehung in Deutschland. In: Deutsches Jugendinstitut (Hrsg.): Werbe- und Konsumerziehung international. Opladen: Leske und Budrich, S. 125-193.

Geuting, M. (1992): Planspiel und soziale Simulation im Bildungsbereich. Frankfurt a.M.: Lang.

Groothoff, H.-H. (1968): Zur schulpädagogisch-didaktischen Problematik der Arbeitslehre. In: Stratmann, K.: Hauptschule und Arbeitslehre. Analyse der Diskussion um ein schulpädagogisches Projekt. Ratingen: A. Henn Verlag, S. 13-36.

Gudjons, H. (1999): Pädagogisches Grundwissen. Bad Heilbrunn: Klinkhardt.

Gudjons, H. (2008): Pädagogisches Grundwissen. 10. aktualisiert Auflage. Bad Heilbrunn: Klinkhardt.

Habermas, J. (1973): Kultur und Kritik. Verstreute Aufsätze. Frankfurt am Main: Suhrkamp.

Hedtke, R. (2019): Welches Wissenschaftswissen braucht ökonomische Bildung? In: Wochenschau. Politik und Wirtschaft im Unterricht, 70. Jahrg. Sonderausgabe, Juli/August 2019, S. 30-36

Hedtke, R. (2018): Das Sozioökonomische Curriculum. Frankfurt am Main: Wochenschau Verlag

Hedtke, R. (2006): Sozialwissenschaftliche ökonomische Bildung. In: Fischer, A. (Hrsg.): Ökonomische Bildung – Quo vadis? Bielefeld: Bertelsmann Verlag, S. 95-119.

Homann, K.; Suchanek, A. (2005): Ökonomik: eine Einführung. 2., überarb. Aufl. Tübingen: Mohr Siebeck.

Hubwieser, P. & Broy, M. (1997). Grundlegende Konzepte von Informations- und Kommunikationssystemen für den Informatikunterricht. In: Hoppe, H. U. & Luther, W. (Hrsg.), Informatik und Lernen in der Informationsgesellschaft. 7. GI-Fachtagung „Informatik und Schule", Duisburg. Informatik aktuell (S.40-50). Berlin: Springer Verlag.

Hubwieser, P. (2007). Didaktik der Informatik (3. Aufl.). Heidelberg, New York: Springer.

Humbert, L. & Schubert, S. (2002). Fachliche Orientierung des Informatikunterrichts in der Sekundarstufe II. Universität Dortmund. Report Nr. 771.

Online unter:
https://www.researchgate.net/publication/266454547_Fachliche_Or
ientierung_des_Informatikunterrichts_in_der_Sekundarstufe_II

Humbert, L. (2006). Didaktik der Informatik: Mit praxiserprobtem Unter-
richtsmaterial (2. Aufl.). Wiesbaden: Teubner.

Hurrelmann, K.; Quenzel, G. (2012): Lebensphase Jugend. Eine Einführung
in die sozialwissenschaftliche Jugendforschung. 11., vollständig
überarbeitete Auflage. Weinheim, Bergstr: Juventa (Grundlagentex-
te Soziologie).

Jung., E. (2007): Von der Kompetenzfacette zum Kompetenzmodell – eine
kritische Rezeption der aktuellen Diskussion. In: Oberliesen, R.;
Schulz, H.D. (Hrsg.): Kompetenzen für eine zukunftsfähige arbeits-
orientierte Allgemeinbildung. Baltmannsweiler: Schneider Verlag
Hohengehren, S. 113-137.

Jung, E. (2008): Wirtschaftssubjekt und Staatsbürger: Ergänzende Leitbilder
und Konzepte politischer und ökonomischer Bildung. In: Steffens,
G.; Widmaier, B. (Hrsg.): Politische und ökonomische Bildung.
Konzepte – Leitbilder – Kontroversen. Wiesbaden, S. 38-55

Kaiser, F.-J. (Hrsg.) (1983): Die Fallstudie. Bad Heilbrunn/Obb.: Klinkhardt

Kaiser, F.-J., Kaminski, H. (1999): Methodik des Ökonomie- Unterrichts,
Bad Heilbrunn: Klinkhardt.

Kaminski, H.; Hübinger, B.; Zedler, R.; Staudt, W. (2001): Soziale Marktwirtschaft stärken. Kerncurriculum Ökonomische Bildung. Sankt
Augustin.
Online:
https://www.kas.de/c/document_library/get_file?uuid=41ffb1f6-
720e-3b81-128e-cedf4426eb58&groupId=252038

Kaminski, H. (2003): Zum Verhältnis von Fachwissenschaft und Fachdidaktik in der ökonomischen Bildung – Aspekte von Interdisziplinarität
aus der Sicht der Ökonomik. In: Kaiser, F.-J.; Kaminski, H. (Hrsg.):
Wirtschaftsdidaktik. Bad Heilbrunn: Klinkhardt Verlag, S. 41-76

Kaminski, H.; Behrends, S.; Brettschneider, V.; Koch, Michael: Unterrichtseinheit „Finanzielle Allgemeinbildung". Institut für Ökonomische
Bildung an der Carl von Ossietzky Universität Oldenburg

Online:
http://www.caeci.de/betrifft/muwi/Wirtschaft/sf220/finanzielle_allg emeinb.pdf

Kaminski, H.; Eggert, K.; Burkard, K.-J. (2008): Konzeption für die ökonomische Bildung als Allgemeinbildung von der Primarstufe bis zur Sekundarstufe II. Berlin.
Online:
https://bankenverband.de/media/files/Konzeption_fuer_die_oekon omische_Bildung.pdf

Kaminski, H.; Friebel, S. (2012): Arbeitspapier „Finanzielle Allgemeinbildung als Bestandteil der ökonomischen Bildung". Institut für Ökonomische Bildung an der Universität Oldenburg.
Online:
http://www.ioeb.de/sites/default/files/img/Aktuelles/120814_Arbeit spapier_Finanzielle_Allgemeinbildung_Downloadversion.pdf

Karpe, J. (2008): Institutionen- Ökonomische Bildung. In: Hedtke, R.; Weber, B. (Hrsg.): Wörterbuch Ökonomische Bildung. Schwalbach/Ts.: Wochenschau Verlag 2008, S. 89-90 und 174-177.

Kashnitz, D. (2009): Wissenschaftliche Grundlagen einer wirtschaftlichen Bildung. Was sollen Jugendliche in einer allgemeinbildenden Schule über die Wirtschaft lernen. In: Seeber, G. (Hrsg.): Forschungsfelder der Wirtschaftsdidaktik. Herausforderungen - Gegenstandsfelder – Methoden. Wochenschau Verlag: Schwalbach, S. 38-47.

Kerncurriculum Lernbereich Beruf – Haushalt – Technik – Wirtschaft/ Arbeitslehre – Sekundarstufe I 2006.
Online:
http://www.oekonomische-bildung.de/pdf-Dateien/2006-08-KecuBHTW.pdf

KfW Bankengruppe (2017): KfW-Gründungsmonitor 2017. Frankfurt am Main.
Online: https://www.kfw.de/PDF/Download-Center/Konzernthemen/Research/PDF-Dokumente-Gr%C3%BCndungsmonitor/KfW-Gr%C3%BCndungsmonitor-2017.pdf

Kiper, H.; Paul, A. (1995): Kinder in der Konsum- und Arbeitswelt. Bausteine zum wirtschaftlichen Lernen. Weinheim und Basel: Beltz Verlag

Kirchner, V.; Leorwald, D. (2014): Entrepreneurship Education in der ökonomischen Bildung- Eine fachdidaktische Konzeption für den Wirtschaftsunterricht. Hamburg.

Klafki, W. (1966): Dialektisches Denken in der Pädagogik. In: Oppolzer, S. (Hrsg.): Ausgangspunkte wissenschaftlichen Denkens. Denkformen und Forschungsmethoden der Erziehungswissenschaft. Band 1: Hermeneutik Phänomenologie Dialektik Methodenkritik. München: Franz Ehrenwirth Verlag, S. 159-182.

Klafki, W. (1967): Die Einführung in die Arbeits- und Wirtschaftswelt und ihre gesellschaftlich-politische Bedeutung als Aufgabe der Volksschuloberstufe. In: Klafki, W.; Kiel, G. & Schwerdtfeger, J. (Hrsg.): Die Arbeits- und Wirtschaftswelt im Unterricht der Volksschule und des Gymnasiums. 2. durchgesehene und erweiterte Auflage. Heidelberg: Quelle & Meyer, S.14-70.

Klippert, H. (1992): Planspiele. Spielvorlagen zum sozialen, politischen und methodischen Lernen in Gruppen. München: Beltz.

Köck, M. (2018): Basisqualifikationen Berufsorientierung. Ein Lehr- und Übungsbuch für Akteure am Übergang Schule-Beruf. Bad Heilbrunn: Klinkhardt.

Köck, M. (2010): Grundsätzliche Aspekte einer arbeits- und berufsorientierten Didaktik. In: Köck, M.; Stein, M. (Hrsg.): Übergänge von der Schule in Ausbildung, Studium und Beruf: Voraussetzungen und Hilfestellungen. Bad Heilbrunn: Klinkhardt, S. 19-50.

Kolb, G. (1981): Betriebspraktikum. In: Kolb, G. (Hrsg.): Methoden der Arbeits-, Wirtschafts- und Gesellschaftslehre. Bad Salzdetfurth: Verlag Barbara Franzbecker, S. 76-108.

Konrad, K.; Traub, S. (1999): Selbstgesteuertes Lernen in Theorie und Praxis. München: Oldenbourg.

Kohlrausch, B.; Maas, M. & Solga, H. (2014): Bessere Chancen am Ausbildungsmarkt durch Förderung der Berufsorientierung? Erkenntnisse aus einer Evaluation von BA-Projekten in Niedersachsen. In: Berufsbildung in Wissenschaft und Praxis (BWP). Berufsorientierung, Bundesinstitut für Berufsbildung (BIBB), 43 (1), S. 25-29.

Kosiol, E. (1957): Die Behandlung praktischer Fälle im betriebswirtschaftlichen Hochschulunterricht (Case Method). Ein Berliner Versuch. Berlin: Duncker & Humblot.

Kreft, J. (2008): Politik und Wirtschaft. In: Hedtke, R.; Weber, B. (Hrsg.): Wörterbuch Ökonomische Bildung. Schwalbach/Ts.: Wochenschau Verlag 2008, S. 254.

Kroeber-Riel, W.; Weinberg, P.; Gröppel-Klein, A. (2009): Konsumentenverhalten. 9. aktualisierte und ergänzte Auflage. München: Vahlen (Vahlens Handbücher der Wirtschafts- und Sozialwissenschaften).

Kron, F.W. (2009): Grundwissen Pädagogik. 7. Auflage. München: Ernst Reinhardt Verlag.

Kruber, K.-P. (2000): Kategoriale Wirtschaftsdidaktik - der Zugang zur ökonomischen Bildung. In: Gegenwartskunde 49. Jg. (2000) 3, S. 285-295.

Kruber, K.-P. (2006): Ökonomische Bildung – ein Beitrag zur Allgemeinbildung? Eine immer neue Frage an den Wirtschaftsunterricht. In: Weißeno, G. (Hrsg.): Politik und Wirtschaft unterrichten. Bonn: Bundeszentrale für politische Bildung, S. 187-202.

Kruber, K.-P. (1995): Wirtschaftspolitisches Denken Lernen an und in Modellen. In: Albers, H. (Hrsg.): Handlungsorientierung und ökonomische Bildung. Bergisch Gladbach: Verlag Thomas Hobein, S. 93-115.

Kultusministerkonferenz (KMK) (2013): Verbraucherbildung an Schulen. Online: http://www.verbraucherbildung.schule.bayern.de/download/524/k mk_empfehlungen_verbraucherbildung.pdf

Lange, E.; Muck, F. (1997): Werkstatt Konsumpädagogik. Sozialwissenschaftliche Grundlagen und pädagogische Skizzen. Hamm: Hoheneck Verlag.

Luhmann, N. (1999): Soziale Systeme. Grundriß einer allgemeinen Theorie. 7. Aufl. Frankfurt am Main: Suhrkamp (Suhrkamp-Taschenbuch Wissenschaft, 666).

Mankiw, G. N. (2004): Grundzüge der Volkswirtschaftslehre. 3. überarb. Auflage. Stuttgart: Schäffer-Poeschel.

Maurer, A.; Mikl-Horke, G. (2015): Wirtschaftssoziologie. 1. Aufl. Baden-Baden, Baden-Baden: UTB; Nomos-Verl.-Ges (UTB, 4293).

Mayring, P. (1990): Einführung in die qualitative Sozialforschung. München: Psychologie-Verl.-Union.

May, H. (1998/2010): Didaktik der ökonomischen Bildung. München, Wien: Oldenbourg Verlag

Meyer, J. H.; Land, R. (2003): Threshold concepts and troublesome knowledge: Linkages to ways of thinking and practising within the disciplines. Edinburgh: ETL Project Occasional Report 4
Online: https://kennslumidstod.hi.is/wp-content/uploads/2016/04/meyerandland.pdf

Neugebauer, W. (1977): Die Betriebserkundung als ein Unterrichtsverfahren der Wirtschafts- und Arbeitslehre. In: Neugebauer, W. (Hrsg.): Wirtschaft II; Curriculumentwicklung für Wirtschafts- und Arbeitslehre, 1. Aufl., München: Oldenbourg.

Organisation for Economic Cooperation and Development (OECS) (2005): Improving Financial Literacy. Analysis of Issues and Policies. Paris

Penning, I. (2018): Schülerfirmen aus Sicht von Lehrenden. Eine qualitative Studie zu einem Lernarrangement der ökonomischen Bildung. 1. Auflage 2018. Wiesbaden: Springer Fachmedien Wiesbaden.

Pickardt, C. (1990): Zur Funktion wirtschaftswissenschaftlicher Modelle im Wirtschaftslehreunterricht an berufsbildenden Schule unter besonderer Berücksichtigung lernpsychologischer Erkenntnisse – Dissertation, Hamburg.

Pleiß, U. (1994): Konsumentenerziehung. In: Kruber, K.-P. (Hrsg.): Didaktik der ökonomischen Bildung. Baltmannsweiler: Scheider Verlag, Hohengehren, S. 62-69.

Reifner, Udo (2010): Finanzielle Allgemeinbildung und ökonomische Bildung. In: Retzmann, T. (Hrsg.): Finanzielle Bildung in der Schule. Mündige Verbraucher durch ökonomische Bildung. 1. Aufl. Schwalbach am Taunus: Wochenschau-Verlag, S. 9–30.

Retzmann, T. (1994): Wirtschaftsethik und Wirtschaftspädagogik. Köln.

Retzmann, T.; Schröder, K. (2012): Der Beitrag von Schülerunternehmen zur Entrepreneurship-Education — Eine fachdidaktische Analyse der Möglichkeiten und Grenzen. In: Entrepreneurship und Arbeitnehmerorientierung. Leitbilder und Konzepte für die ökonomische Bildung in der Schule. In: Retzmann T. (Hrsg.). Schwalbach am Taunus. Wochenschau—Verlag (Wochenschau Wissenschaft).

Retzmann, T. (2011): Kompetenzen und Standards der ökonomischen Bildung. In: Aus Politik und Zeitgeschichte. Beilage zur Wochenzeitung „Das Parlament". Heft „Ökonomische Bildung" vom 21.03.2011 (2011), S. 15-21

Retzmann, T. (2006): Über das Verhältnis von ökonomischer und politischer Bildung. In: Weißeno, G. (Hrsg.): Politik und Wirtschaft unterrichten. Bonn: Bundeszentrale für politische Bildung, S. 203-215

Richarz, I. (1997): Haushalt und Konsum. In: Kashnitz, D., Ropohl, G., Schmid, A.: Handbuch zur Arbeitslehre. München, Wien: Oldenbourg Verlag, S. 157-170.

Robinsohn, S. B. (1979): Bildungsreform als Revision des Curriculums. 2.Aufl. Neuwied, Darmstadt: Luchterhand.

Schauer, C.; Frank, U. (2014): Wirtschaftsinformatik an Schulen. Status und Desiderata mit Fokus auf Nordrhein-Westfale. ICB-Research Report No. 61. Universität Duisburg-Essen.
Online verfügbar unter
https://doi.org/10.17185/duepublico/47028

Schelten, A. (1995): Grundlagen der Arbeitspädagogik. 3. Auflage. Stuttgart: Franz Steiner Verlag.

Schubert, S. & Schwill, A. (2011). Didaktik der Informatik (2. Aufl.). Heidelberg: Spektrum Akademischer Verlag.

Schulz, W. (1965): Unterricht – Analyse und Planung. In: Heimann, O.; Schulz, W.: Unterricht – Analyse und Planung. Hannover: Schroedel, S. 13-47.

Schlösser, H.-J. (2008): Modell. In: Hedtke, R.; Weber, B. (Hrsg.): Wörterbuch Ökonomische Bildung. Schwalbach/Ts.: Wochenschau Verlag, S. 235-236.

Seeber, G. (2001): Ökologische Ökonomie. Wiesbaden

Sender, T. (2017): Wirtschaftsdidaktische Lerndiagnostik und Komplexität. Lokalisierung liminaler Unsicherheitsphasen im Hinblick auf Schwellenübergänge. Wiesbaden: Springer.

Siegfried, J. (2010): Voluntary national content standards in economics. 2nd ed. New York, NY: Council for Economic Education. Online: https://www.councilforeconed.org/wp-content/uploads/2012/03/voluntary-national-content-standards-2010.pdf

Stachiowak, H. (1980): Modelle und Modelldenken im Unterricht. Bad Heilbrunn: Klinkhardt.

Staatsinstitut für Schulqualität und Bildungsforschung München (Hrsg.) (2011) Grundlegende Kompetenzen und Kompetenzerwartungen auf Grundlage der Richtlinien zur Ökonomischen Verbraucherbildung. Online: https://www.isb.bayern.de/download/13715/grundlegende_kompetenzen.pdf

Sedláček, Tomáš (2012): Die Ökonomie von Gut und Böse. München: Hanser.

Seibert, N. (2006): Unterrichtsprinzipien. In: Arnold, K.-H.; Sandfuchs, U. & Wiechmann, J. (Hrsg.): Handbuch Unterricht. Bad Heilbrunn: Klinkhardt, S.251-260.

Steinmann, B. (1995): Verankerung von Methoden in einem auf ökonomische Handlungskompetenz ausgerichteten Curriculum. In Steinmann, B.; Weber, B.: Handlungsorientierte Methoden in der Ökonomie. Neusäß: Kieser Verlag, S. 10-16.

Stiftung Warentest: Verbraucherbildung. 3. aktualisierte Auflage, Mai 2003.

Steffens, Heiko (2010): Trends, Praxis und Politik zur Förderung der Verbraucherbildung aus Sicht der OECD. In: Thomas Retzmann (Hrsg.): Finanzielle Bildung in der Schule. Mündige Verbraucher durch ökonomische Bildung. 1. Aufl. Schwalbach am Taunus: Wochenschau-Verlag, S. 159–169.

Steffens, G.; Widmaier, B. (Hrsg.) (2008): Politische und ökonomische Bildung. Konzepte – Leitbilder – Kontroversen. Wiesbaden.

Suchanek, A. (2001): Ökonomische Ethik. Tübingen: UTB.

Vohland, U. (1981): Grundlagen der Arbeits- und Wirtschaftslehre. Düsseldorf: Pädagogischer Verlag Schwann

Ulrich, P.: Wirtschaftsbürgerkunde als Orientierung im politisch-ökonomischen Denken. Online: http://www.sowi-onlinejournal.de/2001-2/wirtschaftsbuergerkunde_ulrich.htm -

Wagener, A. (2018): Marketing 4.0. „Kenne Deinen Kunden!" – Wie im Zeitalter der Digitalisierung Daten und Algorithmen Vertrieb und Marketing verändern. In: Wolff, D. & Göbel, R. (Hrsg.): Digitalisierung – Segen oder Fluch. Heidelberg: Springer, S. 125-150.

Weber, B. (2008): Schülerfirma. In: Hedtke, R.; Weber, B. (Hrsg.): Wörterbuch Ökonomische Bildung. Schwalbach/Ts.: Wochenschau Verlag, S. 280-281.

Weber, B. (2007): Schülerfirmen als Gegenstand und Methode ökonomischer Bildung. In: Retzmann, T. (Hrsg.): Methodentraining für den Ökonomieunterricht. Schwalbach/ Ts.: Wochenschau Verlag, S. 185-204.

Weber, E. (1969): Die Verbrauchererziehung in der Konsumgesellschaft. Essen, 2. unveränderte Auflage.

Weber M.: Wirtschaft und Gesellschaft, S. 123. Digitale Bibliothek Band 58: Max Weber, S. 1451 (vgl. Weber-WuG, S. 15 f.).

Weinert, F. E. (2002): Vergleichende Leistungsmessung in Schulen – eine umstrittene Selbstverständlichkeit. In: Weinert, F. E. (Hrsg.): Leistungsmessungen in Schulen. Weinheim: Beltz, S. 17-31.

Wenig, W. (2007): Der vergleichende Waren- und Dienstleistungstest. In: Retzmann, T. (Hrsg.): Methodentraining für den Ökonomieunterricht. Schwalbach/Ts.: Wochenschauverlag, S. 121-134.

Weißeno, G. (Hrsg.) (2006): Politik und Wirtschaft unterrichten. Bonn: Bundeszentrale für politische Bildung.

Wiater, W. (2013): Kompetenzorientierung des Unterrichts - Alter Wein in neuen Schläuchen? Anfragen seitens der Allgemeinen Didaktik. In: Bildung und Erziehung 66 (2), S. 145–161.

Wittau, F. (2019): Verbraucherbildung als Alltagshilfe. Deutungsmuster zu Konsum und Bildung im Spiegel sozialwissenschaftlicher Professionalität. Wiesbaden: Springer VS.

Wöhe, G. (2002): Einführung in die Allgemeine Betriebswirtschaftslehre. 21. Auflage. München: Verlag Franz Vahlen.

Zendler, A. (Hrsg.). (2018). Unterrichtsmethoden für den Informatikunterricht. Mit prakti-schen Beispielen für prozess- und ergebnisorientiertes Lehren. Wiesbaden: Springer Vie-weg (Lehrbuch).

Zendler, A. & Klaudt, D. (2018). Bewertung von Unterrichtsmethoden durch Informatikleh-rer. In: Andreas Zendler (Hrsg.), Unterrichts-methoden für den Informatikunterricht: Mit praktischen Beispielen für prozess- und ergebnisorientiertes Lehren (S. 131-141). Wiesbaden: Springer Vieweg (Lehrbuch).